肢体语言速查手册

THE DICTIONARY OF BODY LANGUAGE

[美] 乔·纳瓦罗 Joe Navarro ◎著　　于雪◎译

北京联合出版公司
Beijing United Publishing Co.,Ltd.

图书在版编目（ＣＩＰ）数据

肢体语言速查手册 /(美)乔·纳瓦罗著；于雪译
. -- 北京：北京联合出版公司, 2024.6
ISBN 978-7-5596-7507-1

Ⅰ.①肢… Ⅱ.①乔… ②于… Ⅲ.①身势语—通俗读物 Ⅳ.①H026.3-49

中国国家版本馆CIP数据核字(2024)第062943号

THE DICTIONARY OF BODY LANGUAGE: A Field Guide to What Every BODY is Saying, Copyright © 2018 by Joe Navarro. Published by arrangement with William Morrow Paperbacks, an imprint of HarperCollins Publishers.

北京市版权局著作权合同登记　图字：01-2024-1395号

肢体语言速查手册

著　　者：［美］乔·纳瓦罗
译　　者：于　雪
出 品 人：赵红仕
责任编辑：孙志文
特约编辑：陈　静
封面设计：WONDERLAND Book design
　　　　　仙德 QQ:344581934
装帧设计：季　群　涂依一

北京联合出版公司出版
（北京市西城区德外大街83号楼9层　100088）
北京联合天畅文化传播公司发行
北京中科印刷有限公司印刷　新华书店经销
字数180千字　640毫米×960毫米　1/16　16.25印张
2024年6月第1版　2024年6月第1次印刷
ISBN 978-7-5596-7507-1
定价：52.00元

版权所有，侵权必究
未经书面许可，不得以任何方式转载、复制、翻印本书部分或全部内容。
本书若有质量问题，请与本公司图书销售中心联系调换。电话：（010）64258472-800

本书献给我一生的挚爱，我最好的朋友，也是我所有作品的首席编辑——我的妻子，施莱丝·希拉里·纳瓦罗

如果说语言是用来隐藏思想的,那么肢体的作用就是揭开这一秘密。

——约翰·奈皮尔,苏格兰数学家

FBI 序言

1971 年，我 17 岁，忘了是出于什么原因，我在这一年开始写一本关于人类行为的笔记。我把各种各样的"非语言行为"——也就是通常所说的肢体语言逐一编入记录。一开始，我只是记录人们的古怪行为，比如为什么在听到荒谬的事情时会翻白眼？听到坏消息时为何会用手摩搓脖子？但后来，我的记录变得越来越细致：为什么女性会在打电话时玩自己的头发？人们又因何会在打招呼时扬起眉毛？这些细微的小动作勾起了我的好奇心，我想知道，人类为什么会以如此多样的方式做出这些行为？这些行为的背后又是什么？

我承认，对一个十几岁的孩子来说，这是一种奇怪的兴趣，我的朋友们也是这么告诉我的。当他们专注于交换棒球卡、讨论赛季里谁的击球率最高、谁的得分最多时，我偏偏对研究错综复杂的人类行为更感兴趣。

为了方便自己记录，最初我选择把观察成果写在3英寸×5英寸（约为8厘米×13厘米）的卡片上。那时，我还不熟悉查尔斯·达尔文（Charles Darwin）、勃洛尼斯拉夫·马林诺夫斯基（Bronislaw Malinowski）、爱德华·T. 霍尔（Edward T. Hall）、德斯蒙德·莫里斯（Desmond Morris）以及在未来和我成为好友的大卫·吉文斯博士（Dr. David Givens）等人的著作，他们都是人类行为学领域的巨人。当时的我，只是单纯地对别人的行为以及背后原因感兴趣，想保存自己的观察结果而已。我从没想过，40年后自己还会继续在索引卡中记录着它们。

多年来，我的索引卡中收集了几千条观察结果。我成了一名联邦调查局（FBI）特工，并在25年的时间里利用这些观察结论来帮助我追捕罪犯、间谍和恐怖分子。从我对人类行为方式和原因的兴趣角度而言，这个结果算得上水到渠成。

在我8岁那年，我作为一名逃离古巴的难民来到了美国。那时我连英语都不会说，但又必须迅速适应新的环境，很多说母语的当地人认为理所当然的事情，我却做不到。于是，通过肢体语言观察和解读所处的环境，成了我破译新生活的唯一途径。通过他们的面容和神情，通过他们眼

中的温柔或紧张，我了解到了别人的想法。我可以弄清楚谁喜欢我，谁对我的存在漠不关心，又是否有人对我感到生气或不安。在一片陌生的土地上，我靠察言观色活了下来，除此以外别无他法。

当然，美国人的肢体语言与古巴人并不完全相同。古巴人说话时彼此靠得很近，还经常碰触对方。而在美国，人们站得更远些，肢体接触则可能会招致不快，甚至带来更糟的影响。

我的父母每个人都需要打三份工，很多事情他们没时间教我，我必须自己学习。我学习美国文化，学习文化对肢体语言的影响，尽管当时的我还不知道很多词该怎么表达，但我清楚地知道这里的一些行为是不同的，我必须将它们理解透彻。我形成了自己的科学探究方法，冷静地观察和验证我所看到的一切，当一个现象不是一两次、而是很多次发生后，它就会出现在我的索引卡上。随着卡片越来越多，某些行为模式开始跃然而出。比如，大多数行为都可以归类于心理舒适或不舒服的表现；我们的身体能非常准确且及时地显示出我们正处于不安状态。

我后来才知道，从更准确的角度来说，许多"舒适"的标志或行为都起源于哺乳动物大脑的情感区域——边缘系统（limbic system）。这种不自觉的反应，无论是在古巴还是在美国都大致相同，比如在学校或街角商店，人们看到自己欣赏的人，都会用眼睛和眉毛一起向对方打招呼。我逐渐相信人类存在普遍的行为，而语言反倒没有那么可信，记得在我学会了英语后，经常听到人们说自己喜欢某样东西，而脸上却流露出完全相反的神情。

正因如此，我在很小的时候就学到了欺骗是怎么一回事。人们经常撒谎，但他们语言之外的行为却能揭示出真实的想法。当然，孩子们还不擅长说谎，他们可能会嘴上否认自己做了坏事，同时却忍不住点头。随着年龄的增长，我们对于说谎越来越熟练，然而，一个训练有素的观察者仍然可以发现一些迹象，并以此判断有些事情是错误或者有问题的，或判断一个人是否自愿、是否对自己所说的话具备信心。在这本书里，就收录了很多这样的重要信号或行为。

随着年龄的增长，我越来越依赖非语言行为透露出的信息。在学校里、在运动时、在我做的每件事上——甚至和朋友一起玩耍时，我都依赖这些信息。当我从杨百翰大学（Brigham Young University）毕业时，我已经收集了十多年的观察结果。而在大学中，我第一次生活在一个比迈阿密更多元的文化环境里（这里有东欧人、非洲人、太平洋岛民、美洲原住民、中国人、越南人和日本人，等

等），这使我能够进一步地进行观察。

在学校时，我开始发现行为背后有着令人着迷的科学原理。举个例子来说，在1974年，我看到一群先天失明的孩子在一起玩耍，那场面令我无比惊讶。这些孩子从未见过其他孩子，却表现出了我认为通过视觉才能学会的行为，比如他们会用手示范"快乐脚"和"塔状手"，尽管他们根本没亲眼见过。这意味着，这些行为已经根植于我们的DNA中，是我们原始大脑的一部分——这些行为是人类共通的，确保了我们的生存和沟通能力。在我的大学生涯中，我对这些行为的进化进行了广泛了解，在本书中，我也将揭示出这些令人惊讶的事实。

大学毕业时，我接到了一个电话，邀请我加入联邦调查局（FBI）。我以为这是个玩笑，但第二天，两个西装革履的男人就敲开了我家的门，他们递给我一份申请表，我的生活从此改变了。在那个年代，FBI在校园里寻找人才的事情并不罕见，但我的名字究竟为何会进入他们的视线，或者是谁举荐了我，我至今都不知道。但我可以肯定的是，能被邀请加入这个世界上最负盛名的执法机构，我非常兴奋。

于是，我成了FBI有史以来第二年轻的探员，23岁的我也由此进入了一个新世界。虽然，我在很多方面还没做好成为一名情报员的准备，但至少有一个领域我已深耕多年：非语言沟通。这是我当时唯一感到自信的地方。FBI的工作很大一部分是观察。是的，FBI需要处理犯罪现场和逮捕罪犯，但其中还包括与人交谈、监视罪犯、进行访问等重要工作，而这些我早已经准备好了。

我在FBI工作长达25年，其中后13年是在FBI的精英部门"国家安全－行为分析项目(NS‐BAP)"中度过的。这个小组共有6名成员，是从12000名FBI情报员中甄选出来的，小组必须完成一些看起来不可能完成的任务：识别在外交掩护下试图危害国家的间谍、内奸和敌对情报官员。正是在这个专门分析国家安全要案的小组里，我的非语言能力得以充分施展。

在常年的工作中，我不断打磨着自己对肢体语言的理解。我所收获的，是实验室绝对无法复制出来的，因此，当我阅读一些关于谎言与肢体语言的科学期刊时，我一眼就可以看出哪些作者从未真正采访过精神病患者、恐怖分子、"假冒"的黑手党成员或克格勃（KGB）的情报官员。很多研究结果在实验室环境中或许正确，因为其研究对象是大学生，但现实世界绝非那么简单。没有一个实验室能复制我在生活中观察到的东西，也没有一个研究者能模拟出我在职业生涯中做过的1.3万多次采访、我观察过的数

千小时的监控录像，以及我所做的行为标记。在 FBI 工作的 25 年，就是我的研究生课题；通过肢体语言成功把多名间谍关进监狱，就是我的论文。

从 FBI 退休后，我致力于将自己对肢体语言的研究分享出去。2008 年，我出版了《FBI 教你读心术》(*What Every BODY Is Saying*)，就是我所做出的探索。在那本书中，主要介绍了"舒适"和"不舒服"的概念，揭示了无处不在的"安抚行为"（比如抚摸自己的脸或头发）是一种用来应对我们日常压力的身体行为。我还尝试解释这些行为的来源，通过心理学研究、进化生物学和文化背景来解释我们为什么会做这些事。

《FBI 教你读心术》成了一本国际畅销书，迄今为止，这本书已被翻译成几十种语言，在全球热销超百万册。当我撰写它时，并不知道它会如此大受欢迎，而在这本书出版后的几年里，每次我在演讲时，都能听到同样的诉求：人们想要知道得更多；人们想要一种更易理解的方式；人们想要一本词典式的速查手册，一本可以解读他们生活中常见行为的指南。

《肢体语言速查手册》就是一本这样的指南。本书按照从头到脚的不同身体部位，对非语言信息进行整理，囊括了我在职业生涯中运用到的 400 余条最重要的肢体语言。我希望在阅读这本书后，你能像我和其他FBI特工一样破译人类的行为，并对这些行为做出更深刻的理解。尽管我和我的同事们是以此审问犯罪嫌疑人的，但你完全可以用来全面了解我们在各个场合接触到的人。在社会关系中，如果你想了解自己的朋友或伴侣，我想不出有比研究肢体语言更好的方法了。

  假设你和曾经的我一样，也思考过人类做出某种行为的真实原因，或是想搞清楚某个特定行为到底意味着什么，我希望这本书能全面满足你的好奇心。当你阅读本书的时候，请把你读到的肢体语言实际表演出来，感受一下它们。通过表演，今后你再看到它们时，就能够更好地识别并记住。无论你是喜欢观察别人，还是想探究人们在想什么、感觉什么、渴望什么、害怕什么、图谋什么，也无论你是想在哪些场合使用这些能力，你都可以通过此书有所受益。

目录

第一章　头　部	001
1　头饰	003
2　头发	003
3　摆弄头发	004
4　摆弄头发（掌心朝外）	004
5　用手指捋头发（男性）	005
6　撩起头发通风（女性）	005
7　拨、摸头发或甩发	006
8　拔毛发	006
9　点头	007
10　点头（表示否定）	007
11　轻拍头部后方	007
12　挠头	008
13　轻抚头部	008
14　抓头同时摸肚子	009
15　手指在脑后交叉，肘部外扩	009
16　伸手摸头（震惊）	009

17	手指交叠在头顶上	010
18	举起帽子通风	010

第二章　额　头　　　　　　　013

19	前额紧绷	015
20	皱起额头	015
21	注射肉毒杆菌的额头	016
22	抬头纹	016
23	额头出汗	016
24	太阳穴浮现青筋	017
25	按摩额头	017
26	用手平压额头	017
27	手指额头	018
28	困惑的表情	018
29	用帽子遮住额头	018

第三章　眉　毛　　　　　　　021

30	挑眉／快速拱眉（开心）	023
31	用眉毛来问候	023
32	眉毛上扬（紧绷）	024
33	挑眉（下颌缩向脖子）	024
34	不对称的眉毛	024
35	纠结地皱眉	025

第四章　眼　睛　　　　　　　027

36	瞳孔放大	029

37	瞳孔缩小	029
38	放松的眼睛	030
39	眼窝缩小	030
40	下眼睑抖动	031
41	眨眼频率	031
42	频繁眨眼	032
43	眼神接触	032
44	躲避眼神接触	033
45	凝视优势	033
46	寻求目光接触	034
47	目光与情感	034
48	热切凝视	035
49	凝视vs.盯着看	035
50	闭眼	036
51	为了强调而闭眼	036
52	遮挡眼部	037
53	闭着眼睛揉捏鼻梁	037
54	哭泣	037
55	抓着东西哭	038
56	眼睛快速扫视	038
57	眼睛评估信号	038
58	快速眨眼	039
59	指着双眼	039
60	指着眼睛等一连串动作	040
61	翻白眼	040
62	触摸眼睑	040

63	疲劳的眼睛	041
64	凝视远方	041
65	呆滞的眼睛	041
66	斜睨	042
67	眼睛看向天花板或天空	042
68	用眼神寻求接纳	043
69	眼睛往下看	043
70	悲伤的眼睛	044
71	移开目光	044
72	长时间凝视	044
73	眯眼	045
74	轻微地眯眼	045
75	攻击性的凝视	045
76	愤怒的眼睛	046
77	瞪大眼睛（发呆）	046
78	眼睛的装饰	046

第五章 耳 朵 049

79	拉耳垂或按摩耳垂	051
80	耳朵潮红或涨红	051
81	向某人附耳过去	051
82	倾听	052
83	装饰耳朵	052
84	受伤的耳朵	053

第六章　鼻　子　　　055

85	用双手盖住鼻子	057
86	向上皱起鼻子（厌恶）	057
87	单边皱鼻	057
88	鼻子抽动（加勒比地区）	058
89	食指与鼻子	058
90	轻点鼻子	059
91	仰头抬高鼻子	059
92	用轻敲鼻子示意	060
93	鼻孔张大	060
94	触摸人中	060
95	轻摸鼻子	061
96	吸鼻子	061

第七章　嘴　　　063

97	大声、短促地呼气	065
98	宣泄式呼气	065
99	肯定式吸气	065
100	用嘴角吸气	066
101	屏住呼吸	066
102	口唇干燥	066
103	口涎凝结物	067
104	嚼口香糖	067
105	出怪声	067
106	咬舌头（咀嚼）	068
107	咧嘴	068

108	打哈欠	069
109	抽烟	069
110	暴饮暴食	070
111	舌头顶着脸颊	070
112	吐舌头	070
113	侮辱地吐舌头	071
114	伸长舌头	071
115	舌头顶住上腭	072
116	舔牙齿	072
117	舌头窜动	072
118	舌头轻抚牙齿咬合面	073
119	龇牙咧嘴	073
120	轻咬牙齿	073
121	语调	074
122	音调	074
123	升调	074
124	结巴／口吃	075
125	延迟回答	075
126	沉默	076
127	沉默并暂停回应	076
128	用争论打断别人	077
129	带有语气词的宣泄性呼气	077
130	语速	078
131	不停地说话	078
132	语无伦次	078

133	重复的词汇	079
134	回复的速度	079
135	快速答复	079
136	填充词	080
137	咳嗽或清嗓子	080
138	紧张地吹口哨	081
139	啧啧声	081
140	笑声	081

第八章　嘴　唇　083

141	嘴唇的饱满度	085
142	手指放在嘴唇上	085
143	扯嘴唇	085
144	咬嘴唇	086
145	舔嘴唇	086
146	双唇变窄	087
147	双唇紧闭	087
148	轻撇嘴唇	087
149	紧闭双唇并向下拉	088
150	双唇紧闭不放松	088
151	使劲吸嘴唇	088
152	嘴唇颤抖	089
153	嘴角下垂	089
154	噘嘴	090
155	嘴噘向一侧	090
156	悲伤的唇	091

157	O形唇	091
158	嘴打开，下颌向一侧偏	092
159	微笑	092
160	真笑	093
161	假笑	093
162	紧张的笑	093
163	笑容是情绪的量表	094
164	抿起嘴角	094
165	上唇上扬	095
166	用舌头舔上唇	095

第九章 脸颊和下颌　　　　　　　　　　097

167	脸部突然抽动	099
168	推脸颊	099
169	按摩脸颊或脸部	099
170	轻弹脸颊	100
171	用手指架住脸颊	100
172	鼓起脸颊	100
173	偷摸脸颊	101
174	挠脸颊	101
175	捏嘴角	101
176	干擦脸	102
177	下颌紧绷	102
178	下颌移位／移动	102
179	下颌下垂	103
180	下颌肌肉跳动	103

| 181 | 下颌往前凸 | 103 |

第十章　下　颌　　　　　　　　105

182	抬高下颌	107
183	下颌下垂	107
184	下颌后缩	107
185	藏起下颌	108
186	下颌往下，并且双肩下垂	108
187	碰触下颌	108
188	用手背摩挲下颌	109
189	托下颌	109
190	愤怒地托下颌	109
191	移动下颌	110
192	摸胡子	110
193	皱起下颌	111
194	下颌颤抖	111
195	下颌指向肩膀	111
196	用下颌指方向	112

第十一章　脸　部　　　　　　　　113

197	回避的脸	115
198	挡住脸	115
199	捂住脸	115
200	脸两边情绪不对称	116
201	脸部不一致	116

202	人群中特殊的脸	117
203	动荡中的平静	117
204	不合时宜的冷笑（"欺骗的快感"）	118
205	摸脸	118

第十二章　颈　脖　　　　　　　　　　119

206	触碰脖子	121
207	遮住颈窝	121
208	触摸领结	122
209	把玩项链	122
210	把玩衣领	122
211	颈部按摩	123
212	按摩迷走神经	123
213	拉扯皮肤	123
214	给颈部透气	124
215	在颈部前方握拳	124
216	颈部血管跳动	125
217	吞咽困难	125
218	伸展颈部	125
219	颈部和面部涨红／发红	126
220	喉结振动	126
221	露出颈部	126
222	颈部变僵硬	127
223	耸起一边肩膀	127
224	感兴趣的肩膀	128
225	双肩高耸	128

226	快速耸肩	129
227	越坐越低	129
228	搓揉肩膀／锁骨	129
229	挺肩	130
230	手掌朝上抬肩膀，头部倾斜	130
231	鞠躬	131

第十三章　手　臂　133

232	拥抱	135
233	活泼的手势	135
234	说话时的手势	135
235	手臂紧贴身体，手向前弯	136
236	摆出欢欣／胜利的姿态	137
237	手臂放在背后	137
238	手臂僵硬	137
239	露出腋窝	138
240	双臂交叉（自我拥抱）	138
241	双臂交叉（保护）	139
242	双臂交叉（自我克制）	139
243	双臂交叉（不喜欢）	140
244	双臂交叉（按摩）	140
245	双臂交叉，握住手腕	140
246	摊开手臂	141
247	摊开手肘	141
248	缩起手肘	141

249	叉腰	142
250	勾手肘	142
251	手腕的动作	143
252	鸡皮疙瘩	143
253	汗毛竖立（竖毛）	144
254	过度流汗	144
255	自伤	145
256	针孔	145

第十四章　手与手指　　　　　　　　　　147

257	手的状况	149
258	手部保养	149
259	触碰的频率	149
260	触碰的方式	150
261	触碰和社会地位	150
262	握手政治	151
263	双手叉腰，大拇指放在背后	151
264	双手叉腰，大拇指放在身前	152
265	宣示领域的手部动作	152
266	推开桌子	152
267	玩弄物品	153
268	放置物品	153
269	塔状手	154
270	调整过的塔状手	154
271	手掌相向	154

272	手掌向上	155
273	手掌向下	155
274	手掌向下，手指张开	156
275	受限制的手	156
276	扭绞双手	157
277	握住的手指	157
278	颤抖的双手	157
279	以双手作为定锚	158
280	手伸到对方面前	158
281	边回答边触碰自己	158
282	手指交叉（大拇指向上）	159
283	手指交叉（大拇指向下）	159
284	大拇指按摩	159
285	转动拇指	160
286	收拢手指	160
287	大拇指外移	160
288	大拇指收拢	161
289	常见的展示大拇指	161
290	大拇指向上的OK符号	161
291	替代触碰	162
292	相互触碰	162
293	抓住家具	163
294	依附动作	163
295	用手加强重点	163
296	比中指	164

297	手指着对方	164
298	用手指戳	165
299	用手指当指挥棒	165
300	双手作势往外推	165
301	咬指甲	166
302	用手指敲弹	166
303	双手放进口袋	166
304	按摩握拳的手	167
305	握拳的讲话者	167
306	双手摩擦掌心	168
307	手指伸直交叉,相互摩擦	168
308	手指交叉,掌心向上或向下	168
309	掰指关节	169
310	手指交叉,折手指关节	169
311	轻拍大腿侧边	170
312	整理外表	170
313	整理外表(轻蔑)	171
314	双手放在大腿上,手肘外扩	171
315	屈起手指,弹指甲	171
316	握手	172
317	呈上握手	173
318	印度式合掌打招呼	173
319	牵手	173
320	OK符号(表示确定)	174
321	政客的大拇指	174

322	摆弄婚戒	175
323	远离目标物	175
324	拒绝用手掌碰触	176
325	古怪的手臂与手部动作	176

第十五章　胸部、躯干与腹部　　177

326	胸口明显起伏，快速呼吸	179
327	浅而急促的呼吸	179
328	按压胸口	179
329	按摩锁骨	180
330	重复用手刮胸口	180
331	手掌置于胸口	181
332	撩起衣物散热	181
333	摆弄拉链	182
334	挪开身体	182
335	移动身体向后仰	183
336	移动身体向前倾	183
337	转身／腹侧拒绝	184
338	腹部展示	184
339	盖起腹部	185
340	姿势模仿（镜像）	185
341	久坐不动	186
342	弹射座椅效应	186
343	把椅子挪开	186
344	身体懒散	187
345	弯腰前倾	187

346	胎儿姿势	188
347	身体发冷	188
348	穿着	188
349	怀孕时盖住肚子	189
350	揉肚子	189

第十六章　臀部和生殖器　　191

351	扭动臀部／髋部	193
352	摩擦臀部	193
353	髋—躯干前后摇摆	193
354	髋—躯干左右摇摆	194
355	展示臀部	194
356	碰触生殖器	194
357	抓胯	195
358	框住生殖器	195
359	盖住生殖器	196
360	双膝分开坐	196

第十七章　腿　部　　197

361	空间距离	199
362	领地站姿	199
363	领域挑战	200
364	斜向一侧	200
365	行走动作	201
366	步行时设定步速	201
367	坐姿	202

368	双腿并拢坐着	202
369	双腿分开坐着	203
370	脚踝交叉	203
371	脚踝缠绕在椅子腿上	203
372	双膝并拢，身体向后仰	204
373	双膝并拢，身体向前倾	204
374	坐着时把交叉的腿做屏障	204
375	双腿靠在物体上	205
376	摩擦大腿	205
377	摩擦膝盖	205
378	抓脚踝	206
379	弯曲膝盖	206
380	拖着脚	206
381	抖动脚踝	207
382	拥抱膝盖	207
383	交叉双腿站立（舒适）	207
384	坐着踢腿	208
385	跳跃（喜悦）	208
386	用双腿和双脚表示不合作	209
387	失去平衡	209

第十八章　双　脚　　　　　　　211

388	僵住的双脚	213
389	退缩的双脚	213
390	碰脚调情	213

391	摇动的脚	214
392	单脚转向	214
393	双脚转向	215
394	脚趾向内弯/内八字脚	215
395	脚趾向上翘	215
396	露出脚底	216
397	跳跃的快乐脚	216
398	用脚打拍子	217
399	摆动脚趾	217
400	烦躁的双脚	217
401	紧张踱步	218
402	代表欲望的脚	218
403	闹脾气的脚	218
404	跺脚	219
405	拉下袜子	219
406	脚挂着鞋来回晃动	219
407	躁动的脚与腿	220

结论 221
致谢 223

NO.1 第一章

头部

人类的一切行为都来源于大脑内部。在意识和潜意识层面，大脑都在一刻不停地工作着。大脑将信息发送至全身，让心脏、呼吸、消化及诸多系统得以调节和处理，与此同时，大脑的外部也担负着极其重要的信息传递功能。我们的头发、额头、眉毛、眼睛、鼻子、嘴唇、耳朵和下颌都有着各自的信息传递方式，可以表达出从健康状况到情绪困扰等诸多含义。因此，我们在分析肢体语言时，也将从头部开始。我们自出生开始的整个生命历程，会先后遇到父母、朋友、同事、爱人，而这期间，我们总会向这一身体部位寻求帮助，以期读懂对方的心。

1 头饰

我们在各种文化中都能见到头饰的影子,其使用的理由也各不相同。总的来说,头饰能表达出佩戴者的领导地位(美洲原住民佩戴的羽毛头饰)、职业(硬帽子或矿工帽)、社交地位(圆顶硬礼帽或圣罗兰的"药盒帽")、爱好(脚踏车安全帽或攀岩安全帽)、宗教(枢机主教的小瓜帽、圆顶小帽)、拥护对象(喜爱的运动团体、工会)。可以说,头饰能提供给我们某个人的以下信息:对方所属的社会阶层、拥护的对象、经济状况、信赖的事物、看待自己的方式甚至反传统的程度。

2 头发

头发能够在非言语沟通中表达相当丰富的信息。人人都想拥有健康的头发,肮脏、凌乱、大面积掉落或失于护理的头发,可能会表示出不佳的健康状况,甚至是精神疾病。头发还能传达吸引力、诱惑、顺从、反抗或惊讶等内容,甚至可以传达出与职业相关的信息。知名人类学家大卫·吉文斯博士曾说过,头发就像是"非官方简历",能够揭示一个人所在的阶级。在许多文化中,头发在约会和浪漫关系中的作用举足轻重。通常人们在发型的选择上趋向于既符合文化规范，又符合当下潮流，如若不然的话，就会显得自己太过特殊。

③ 摆弄头发

摆弄头发（扭转、缠绕、轻抚）属于安抚行为，常见于女性，可能代表心情很好（比如在阅读喜欢的文字或处于放松状态时），或是在承受压力（比如在等待面试，或是飞行途中遇到了气流颠簸）。这个动作大致可分为两种情况，如果掌心朝里（手掌朝向头部），此时的动作更可能是安抚；而掌心朝外（手掌朝向外部）的情况详见下条。安抚行为能够让我们从压力或焦虑中获得放松，有时也是消磨时间的方式。并且，安抚行为会伴随人类的成长过程，随时间逐渐产生变化，比如从吸吮拇指变为咬嘴唇、咬指甲或摸脸等行为。

④ 摆弄头发（掌心朝外）

当女性掌心朝外摆弄头发时，此时的动作更大可能是在人前表现自己的舒适，此时她对自己是感到满意和自信的。通常，我们只有在自在放松的情况下才会将手腕内侧展露出来。此动作常见于约会情景，当女方与自己感兴趣的对象交流时，会不自觉地掌心朝外摆弄头发。

5 用手指捋头发（男性）

在面对压力时，男性可能会用多根手指捋头发，此动作能够让头皮更多地接触空气，既可以给头部降温，又能刺激头皮上的神经。同时，此动作也可代表担忧或怀疑。

6 撩起头发通风（女性）

女性给头皮通风的方式不同于男性。当女性感到忧心、难过、心烦或压力大时，会快速地撩起后颈部的头发。这个动作是一种更强效的安抚动作，既能降温又能缓解压力，而如果重复这个动作，则可能代表压力过大。当然，单纯因为热而反复撩起后颈部头发的动作不在其列，那只是为了凉快一下。而男性在缓解因运动或温度高而导致的热时，一般会拨弄头顶的头发来散热。

⑦ 拨、摸头发或甩发

当我们想吸引别人的注意时，通常会用拨、摸或甩头发的方式。触摸头发时，手的运动轨迹被认为能增添人的吸引力（正因如此，大多数与头发相关的广告中都会采用这个动作）。定向反射（orientation reflex, OR）是人的本能反应，提醒我们注意眼前的动作，而我们对手的移动尤其敏感——这就是魔术师用手部动作转移观众注意力的原因。一只伸向头发的手总是会吸引我们的目光，即使这个人和自己隔着整个房间。值得一提的是，定向反射深藏在潜意识层面，即使是昏迷的病人，眼睛还会追踪眼前的动作。

⑧ 拔毛发

因为冲动性地拔毛发，以至于毛发丢失，被称作拔毛癖（trichotillomania）。拔毛癖较常见于感到压力的孩童与青少年，偶见于成年人。男性一般会拔眉尾附近的眉毛，而女性拔毛发的范围相当广泛，包括睫毛、头发、眉毛和腋毛等。这是一种对压力做出的反应，即使是鸟类，在感到压力时也会拔掉自己的羽毛。反复拔除毛发，类似神经性抽搐，通过刺激神经末端产生安抚效果，但不幸的是，拔毛癖有可能会发展得很严重，此时必须进行医疗干预。

⑨ 点头

在谈话中，点头通常表示正在倾听或正在接收信息。除此以外，点头还表示同意，但伴随着噘嘴（见154）的点头不包括在内，这常常表示不同意。

⑩ 点头（表示否定）

此动作最常见于孩子身上，比如，当父母问："台灯是你打破的吗？"孩子一边回答"不是"，却一边点头，这种矛盾的行为揭露了真相。儿童、青少年甚至成年人身上都会出现这种矛盾行为。

⑪ 轻拍头部后方

当我们感到困惑或内心冲突时，会用一只手拍自己的后脑勺。皮肤所接收到的触感和温度，会让这种行为具备舒缓作用。像大多数手部对身体的触摸一样，这是一种安抚行为，可以减轻压力或焦虑。

⑫ 挠头

当我们怀疑或感到沮丧、压力或担忧时，挠头可以起到安慰作用。当人们试图记住某个信息或感到困惑时，常会做出此动作，也正因此，老师经常会看到学生在考试中做出这个动作。非常迅速的挠头通常表示高度紧张或担忧，也可能表明这个人对自己下一步的行动犹豫不决。

⑬ 轻抚头部

除了真正意义上的梳头，当人们感到压力、面临困境或思考如何回答问题时，也可能会用手做出梳头的动作，以此来舒缓情绪。这与母亲用抚摸孩子的头作为安慰的动作效果相同，这种安抚行为的效果往往立竿见影。此外，这一动作还有一种情况，那就是表示内心的怀疑或冲突，特别是对后脑勺做这个动作时。

14　抓头同时摸肚子

同时摸肚子和抓头，代表不安全或不信任感，做出动作的人通常正陷入怀疑或思考中。有趣的是，许多灵长类动物也会做这个动作。

15　手指在脑后交叉，肘部外扩

手指在脑后交叉，肘部外扩，酷似眼镜蛇为了让自己看起来更强大而张开两侧的肉翼，这个动作，常见于人们在舒适和自信的前提下宣示领土。人们在做此动作时，往往十分舒缓，肘部外扩表现出了内心的自信。但是，一旦有地位比自己高的人在场时，人们则很少做出此动作。

16　伸手摸头（震惊）

当人感到震惊、难以置信、激动或害怕时，可能会突然用双手去摸自己的头，此时的双手靠近耳朵，但不会碰到耳朵，且手肘朝前。他们可能会保持这个姿势几秒钟，因为他们试图弄清楚发生了什么。这种原始的、自我保护的反应也可能会在某人犯了不可思议的错误时出现，比如司机撞到了自己家的门，或者橄榄球球员跑错了球门线。

17　手指交叠在头顶上

人们在做此动作时，通常掌心朝下，肘部张开。这个动作很显眼，因为它遮住了头部，它常出现在人们不知所措、陷入僵局或苦苦挣扎时，当发生灾难（比如飓风过境，造成了巨大损失）时，或者当事情严重背离了自己的意愿时，我们都可能看到这个动作。而肘部的位置还会发生变化：当情况变得更糟时，它们往往会不自然地在脸前方靠得更近，就像正在收拢的虎钳。同时，手部压力也会有所改变：情况越糟，手向下的力度越大。这种行为与"外扩"（见15）有着很大的不同，在"外扩"动作中，手掌放在脑后，表现的是人的自信。

18　举起帽子通风

压力陡增时，人可能会突然举起帽子来为头部通风，这通常发生在听到坏消息、争吵或情绪激动之后。而从人身安全的角度看，人在极度愤怒的情况下（比如交通事故或争抢道路），会在动手打架前脱掉外套、帽子、衬衫、太阳镜等。

第二章 额头

当我们还是婴儿时，就已经通过扫视别人的前额来获取信息了。即使是只有几个月大的小婴儿，也能对母亲额头上的皱纹做出反应，意识到那是消极的东西。这个位于鼻梁和发际线之间的小小空间，实时地向别人透露着我们的真实感受。它是与大脑紧密连接的重要部位，使我们能够快速、准确、有效地交流情感。

⑲ 前额紧绷

对一些人来说，一旦遭受压力就会前额突然紧绷，这是底层肌肉僵硬和紧张的结果。根据保罗·艾克曼（Paul Ekman）博士的说法，人的面部有20多个不同的肌肉群，可以产生4000多种不同的表情。特别是枕额肌（occipitofrontalis）、降眉间肌（procerus）和颞肌（temporalis）等六大条肌肉，会导致我们在感到压力时前额紧绷或皱眉头。当然，我们想要获取他人额头表情的日常状态，需要对方处在一个平静的环境中，不过，当人们感到压力时，前额表现出的紧张往往难以掩饰，这会成为一个明显的指标，表明事情出现了问题。

⑳ 皱起额头

当人遭遇刺激时，会做出皱起额头的反应，这是一个重要的举动，代表了感到某件事不对劲，或者内心没有安全感。当人们专注于某事或试着理解某事的时候，我们也会在其脸上看见此表情。皱额头通常与怀疑、焦虑或担忧有关，但人们用美容手段来消除额头上的纹路时，可能会妨碍我们捕捉真实的情绪。

㉑ 注射肉毒杆菌的额头

为了去除额头上的皱纹，如今的男女都可能会注射肉毒杆菌。这样给夫妻、亲子等亲密关系都带来了麻烦，因为我们难以从额头读取信息了。根据案例显示，儿童与成年人想从注射了肉毒杆菌的额头读取情绪信号会变得困难。

㉒ 抬头纹

我们的经历常常会在我们的额头上留下痕迹。看一个人的前额可以得出他是否过着困难或紧张的生活，同时，越多的皱纹可能代表越长时间的户外作业。

㉓ 额头出汗

在压力下，有些人会自发地开始出汗，而每个人流汗的原因又各不相同。比如，有些人在喝下第一口咖啡后就会大汗淋漓，有些人在爬了一段楼梯后才会这样，所以，我们要先了解对方在这方面的基本情况，才可以下结论，也就是要先掌握其行为的基准线，即：当一个人在没有压力和过度的情绪影响时，会做出的"正常"行为。

24 太阳穴浮现青筋

压力之下,我们的颞浅动脉(位于头部两侧皮肤最浅处,眼尾后方)可能会明显地跳动或搏动。当我们由于焦虑、担心、恐惧、愤怒或突发兴奋而引起了自主觉醒(Autonomic arousal)时,动脉的跳动和搏动是一个非常准确的指标。自主觉醒表明大脑自动进入了生存模式——大脑会强迫心脏和肺在预期的身体活动(如奔跑或战斗)中更快地运作。

25 按摩额头

当我们头痛、烦躁、忧虑、怀疑、焦虑或努力消化信息时,一般会按摩额头。按摩额头也是一种安抚行为,能帮助平复紧绷的神经,消解忧虑。

26 用手平压额头

将手平压在额头上有助于缓解紧张情绪,这种紧张通常来自压力、怀疑或不安全感。这个动作与拍额头不同,看起来像是在努力把自己的头向后推,但与许多动作相同的是,此动作也是通过皮肤上的触觉压力来进行安抚。

27 手指额头

用手指指着额头，或者在指额头的同时做出"拧"的动作，是非常具有侮辱意味的——这意味着在指责对方搞不清情况、愚蠢或疯狂。这是一种基于文化背景的暗示，通常在德国、瑞士和奥地利这么做是非常无礼的，在美国有时也是如此。因为这个动作的侮辱含义，我们应尽力避免做出。

28 困惑的表情

当人们两眼之间的区域挤在一起时，经常会造成眉头紧锁或皱眉的效果，这时，眼睛还可能会斜视或看向别处，有时头部还会微微向一侧倾斜。这个表情是由高认知负荷（费力的思考或回忆）造成的，当有人在精神上极度困惑或试图思考出解决的办法时，常会流露出这种痛苦的表情。

29 用帽子遮住额头

压力或尴尬会导致一些人用头饰（帽子、遮阳帽或兜帽等）遮住额头，这种现象常见于儿童和青少年，有时也会在成年人身上看到。一些司机在被开超速罚单时也会这样做，似乎试图以此隐藏自己的羞耻感。

第二章　额头

FBI

NO.3 第三章

眉毛

眉毛位于眼眶的眶上切迹（supraorbital arch）上方，用途多样。眉毛保护我们的眼睛免受灰尘、光线和湿气的伤害，也传递出我们的感受。从我们儿时起，就开始依靠人们的眉毛来理解其面部表情了，在很多文化中，眉毛还代表着一种审美需求：需要用各种工具修剪、塑形、拔除、剃掉、上色，还常需要使用高光和蜜蜡。和我们脸上的其他部位一样，眉毛是由上睑提肌（corrugator supercilii）、鼻肌（nasalis）和提上唇肌（levator labii superioris）等多种肌肉控制的，因此眉毛非常富有表现力，并能巧妙地传达我们的感受。

㉚ 挑眉／快速拱眉（开心）

挑眉或快速拱眉，表示内心兴奋或是发现了令人愉快的事情，比如和亲密的朋友见面。我们挑眉的速度通常少于五分之一秒，这是一种对抗重力的动作，而与大多数对抗重力的动作一样，它意味着积极的情绪，就连几个月大的婴儿在看到妈妈挑眉的时候眼睛都会亮起来。此动作能让别人感知到我们关心他们、很高兴看到他们，具有正面作用。在日常生活中，无论是在家里还是在工作中，快乐的挑眉都能体现出积极的情绪感染力。

㉛ 用眉毛来问候

当我们认出了熟人，但当下不便与其交谈时，通常会用扬眉表示问候。在做出这个动作时，我们还会视情况决定是否要伴随微笑。因为如果别人没能用同样的动作回应我们时，我们也好及时收拢表情避免尴尬，比如我们走进了一家商店，却因为正忙着某件事，只能用此方式让店员知道我们对他们的重视，但店员却没有一丝想和我们眼神交流的意思。

㉜ 眉毛上扬（紧绷）

当一个人遇到了让自己惊喜或震惊的意外情况时，就会出现这种情况。如果再辅以紧张的神情或紧闭的嘴唇，我们就基本可以确信对方经历了非常消极的事情。这种行为与上面用眉毛打招呼行为的区别是，这种控制眉毛肌肉的张力会更大些，而且保持的时间也要比打招呼长几秒。

㉝ 挑眉（下颌缩向脖子）

当我们对听到的消息感到质疑或是非常惊讶时，我们会紧闭嘴巴，扬起眉毛，下颌缩向脖子的方向。有时，当我们目睹了一个尴尬的状况时，也会做出这一动作，好像在说："我听到了什么？我不喜欢这个。"当老师看到学生行为不端时，常会做出这个表情。

㉞ 不对称的眉毛

做这个动作时一只眉毛会高拱，而另一只眉毛则保持正常位置或者下沉。眉毛的不对称表明此人对听到的话表示怀疑。演员杰克·尼科尔森（Jack Nicholson）就因为在戏里戏外常用这个表情表示怀疑而闻名。

35 纠结地皱眉

两眼之间和鼻子上方的区域被称为眉间,当眉间变窄或有皱纹时,通常意味着不喜欢、担忧或是出现了问题。有些人听到一些令人不安的事情或试图理解一些事情时,就会皱起眉头。这个表情很可能一闪而过,因此很难察觉,但它却是反映情绪的准确信号。

NO.4 第四章

眼睛

我们的眼睛是用来洞察世界的视觉门户。从出生的那一刻起，我们就在从或熟悉或新奇的事物中搜寻着信息，而且不断追求着美学层面上的愉悦。我们的视觉皮层在整个大脑皮层中占据很大比例，它喜欢寻求新奇的体验。我们的眼睛既能流露恐惧和轻蔑，也能表达爱与同情。一个带有欢迎或喜悦的眼神，可以温暖我们一整天，而一双表示担心或忧虑的眼睛，则会提示我们：事情出了问题。在一群陌生人中间，眼神可以表示出我们的怯懦，但也可以传达出我们的坚定。我们会为了吸引更多目光而装饰自己的眼睛，也会移开目光以躲避对视。眼睛通常是我们在别人身上最先注意到的部位，这就是为什么当一个婴儿出生时，人们会花那么多时间去看他的眼睛，也许是因为，我们真的能透过这扇窗看到别人的灵魂。

36　瞳孔放大

当我们觉得舒适自在，或是遇见了喜欢的人或物，我们的瞳孔会不由自主地放大，此行为不受我们的意志控制。当夫妻或情侣觉得与对方相处很放松惬意，两人的瞳孔也会放大，以吸收更多的光线。正因如此，灯光昏暗的餐厅很适合约会，因为昏暗的灯光能让双眼放松并让瞳孔放大——这甚至会让我们在他人面前也感到更加放松。

37　瞳孔缩小

当我们看到不喜欢的东西，或是产生负面情绪时，我们的瞳孔会收缩。当瞳孔突然缩小成针尖状，就表明刚刚发生了一些不好的事情。有趣的是，我们的大脑控制着瞳孔的收缩，以确保我们的眼睛在痛苦时能集中注意力，而其原理就在于光圈越小、清晰度越高，这就是眯着眼睛可以提高注意力的原因所在。通常来说，浅色眼睛中更容易被观察到瞳孔收缩的情况。

38 放松的眼睛

放松的眼睛表示舒适和自信。当我们放松时，眼睛周围、前额和脸颊周围的肌肉会放松下来，而但当我们感到压力或困扰时，它们则会变得紧张。婴儿在这方面表现得非常明显，因为他们的面部肌肉会在哭泣之前突然收缩。当试图解读任何肢体语言时，一定注意眼睛的一致性。如果眼眶（眼窝）看起来很放松，很可能代表一切正常；如果眼睛周围突然紧张起来，或者眯起了眼睛，表明这个人正在集中注意力，或者正承受压力。眼部肌肉和周围组织对压力源的反应，要比其他面部肌肉快得多，可以立即反映出一个人的精神状态。

39 眼窝缩小

当我们感到压力、不安、受到威胁以及其他负面情绪时，眼窝会因为下方肌肉的收缩而缩小。一旦大脑对忧虑、怀疑等情绪做出反应时，会立即将眼窝缩小，这是一个很明显的迹象，表明有什么地方出现了问题或是出错了。

㊵ 下眼睑抖动

眼睛正下方（眼轮匝肌的下侧）和颧骨上方的微小肌肉以及周围组织，对于压力非常敏感。当内心产生担忧、焦虑或恐惧时，这些区域会出现颤抖或抽搐，传递出一个人真实的情绪状态。

㊶ 眨眼频率

眨眼频率会因所处环境而大为不同，能产生同样影响的，还有人们所感受压力的刺激程度。每个人眨眼的频率都不一样，但通常都在每分钟16～20次之间，并会因光线、湿度等环境因素而产生波动。需要长时间盯着电脑看的人，眨眼频率会降低（其中相当一部分的人会感到眼睛干涩或发炎肿胀，而眼泪正具有杀菌效果）；而工作环境充满灰尘或花粉等飘浮物的人，眨眼频率则会增高。需要注意的是，戴隐形眼镜也会导致眨眼频率增高。此外，当我们对身边的人比较感兴趣时，眨眼频率通常也会增高。

42 频繁眨眼

人在感到紧张、焦虑或压力时，通常会更加频繁地眨眼。很多人觉得频繁眨眼是被欺骗的信号，这其实是一种误解，频繁眨眼只能反映观察对象遭遇了压力等因素的影响，即使是非常诚实的人，在受到对方严厉质问时，也会频繁眨眼。

43 眼神接触

眼神接触的习惯，往往受社会准则与个人偏好的影响。在某些文化中，目光接触三四秒是很正常的事，而在另一些文化中，超过两秒的对视就可能被认为粗鲁，此外，文化也决定着谁可以盯着谁。即使同样在美国，不同地区对眼神接触也有着不同的解读，比如在纽约市，盯着他人超过 1.5 秒就可能被视为冒犯。特定的种族、文化以及群体也各有其准则，比如，许多非裔和拉美裔美国人会教导孩子在与长辈交谈时为表示尊敬，目光要向下，避免直视对方。

㊹ 躲避眼神接触

不便与他人交谈时，我们通常会避免直视对方；不喜欢交谈对象或感到对方粗暴、态度不好时，我们也会避免眼神接触，比如在监狱中，服刑人员通常不会直视狱警或具有强烈攻击性的其他犯人。躲避眼神接触的行为分为暂时和长久两种状况，其中暂时的情况（比如目睹某人的尴尬现场）下，我们会将目光移到别处。还有一种情况，那就是当人们的物理距离很近时（比如电梯内），大家通常也会避免眼神接触，无论是与陌生人还是与和陌生人同时在场的熟人，这时的眼神躲避不一定代表欺骗，很可能代表害羞或尴尬。

㊺ 凝视优势

世界各地都有研究表明，身处高位的人在讲话或聆听时，都会与对方进行眼神接触。而地位较低的人在倾听时，会与身处高位的人进行眼神接触，但在讲话时，则会减少眼神接触。在日本以及其他亚太国家之中，此行为更为常见。值得一提的是，我们对直接与我们进行眼神接触的人更容易产生好感，特别是对方的地位高于我们的情况下。来自社会地位较高的人的眼神接触（比如电影明星等），常让我们感到自己被优待。

㊻ 寻求目光接触

当我们乐于与对方交流，无论是在社交场合或私人约会时，我们都会积极地用目光进行扫视，直到彼此的眼神终于接触上，此表情的潜台词是"我在这里，请和我交谈"。

㊼ 目光与情感

在世界各地的约会信号中，人们对彼此的感觉发生变化的第一个线索，通常就体现在他们看对方的方式。早在将喜欢宣之于口之前，人们目光中对对方的兴趣就已经与日俱增了，而这目光预示了这段关系正从"友好"转变为进一步的亲密。在电影《音乐之声》中，朱莉·安德鲁斯（饰演玛丽亚）看待克里斯托弗·普卢默（饰演冯·特拉普上尉）的目光改变，以及《爱乐之城》中艾玛·斯通（饰演米娅）看待瑞恩·高斯林（饰演塞巴斯蒂安）的目光改变，都能体现出在语言之前，人们内心的情感已经不断变化了。

电影中是如此，现实生活亦是如此。

48 热切凝视

这是一种以温暖或浪漫方式吸引他人注意的行为。这种行为之所以能被人留意，是因为它蕴含了温柔的面部表情、反复试探的目光，以及总是带着柔情的眼睛、脸颊和嘴角。我们经常在约会中看到这个动作。这个动作让对方知道你对进一步的接触或发展十分有兴趣。我还见过人们隔着很远的距离热切地凝视，释放着他们内心的渴望。

49 凝视vs.盯着看

凝视对方与盯着对方看有很大区别。盯着看更倾向于理性、疏远或对抗，能够表达出我们正感到对方可疑、古怪或令人担忧。而凝视则表明我们从某人身上得到了安慰，而这动作也会让我们更具吸引力。当我们盯着对方看时，我们是警觉的；而当我们凝视时，说明我们正被对方吸引。如果是在公交车或地铁等近距离场合盯着对方看，则很可能引起反感或让人感到被冒犯。

50 闭眼

根据眼部动作，可以推断出某人是否存在问题。比如当一个人突然闭上眼睛，并保持相当长的时间，或者是在长久闭上双眼后又突然睁开，这类动作被称作阻断沟通行为（blocking behavior），做出这种动作通常代表做动作者正产生厌恶、忧虑、怀疑或烦扰等心理不适现象。其中，长久闭眼的动作代表着深深的忧虑。而如果是在亲密环境中则情况正相反，这时闭上眼睛代表着："我相信你，因此我屏蔽外在的一切，此刻只享受其他感官的感觉。"值得注意的是，即使是先天失明的小孩，在听到不喜欢的声音或感到困扰时，也会闭上眼睛。

51 为了强调而闭眼

通常，当我们想要强调某事或同意某事时，会快速地闭上眼睛。这是一种确认方式，但和所有动作一样，判断此动作是表示同意而非不同意的关键，在于当下的语境。

52 遮挡眼部

突然用手或手指遮挡眼部，是一种与负面事件有关的阻断沟通行为，比如正面对坏消息，或是一件对自己具有威胁性的事件被披露了。它也表示消极情绪、担忧或缺乏自信，我们还可以在做错了事被抓的人身上看到此行为。和上面动作相同的是，先天失明的孩子也会这样做，尽管他们不能解释其原因。显然，这种行为有着古老的进化基础。

53 闭着眼睛揉捏鼻梁

闭着眼睛同时揉捏鼻梁的人，代表正陷入忧虑或烦恼。此行为既是阻断沟通行为，也是安抚动作，通常与厌恶、不安、焦虑等负面情绪有关。

54 哭泣

无论是出于个人需求还是社会目的，哭泣都有各种各样的原因和作用，其中最显著的作用，是它提供了一种宣泄情绪的方式。不幸的是，孩子们很快就学会了将哭泣作为一种操纵手段，一些成年人也会毫不犹豫地使用它。在观察一个人的行为时，要牢记：哭泣并不比其他代表信号更能证明此人正遭遇困境。哭泣如果经常发生，可以让我们知道此人可能正经历心理挣扎或是临床上的抑郁症状。

55 抓着东西哭

抓着脖子、项链或衬衫领子哭的人，可能比只是单纯哭的人经历着更严重的负面情绪。

56 眼睛快速扫视

眼睛快速地来回扫视，通常代表内心正在处理怀疑、焦虑、恐惧、担忧等负面信息。将这种行为与其他信息 [如面部紧张或下颌后缩（见 184）] 结合使用，可以提供更加准确的评估。值得注意的是，有些人在评估情况、考虑选项或思考解决方案时，眼睛也会快速扫视，但这种行为并不代表欺骗。

57 眼睛评估信号

当我们内心消化一个想法、一种情绪或一个问题时，我们倾向于眼睛向下、向上或者向侧面看,这在科学文献中被称为共轭侧眼动(CLEM)。几十年来一直存在一个谬论,即回答问题时看向别处或旁边的人是在欺骗,现在已经有 20 多项研究可以彻底揭示这一错误。当一个人在处理问题或回答问题时看向某个方向,只能说明他在思考,这个动作本身并不意味着欺骗。

58 快速眨眼

当面临问题,或正在与某事做斗争时,人们可能会出现快速眨眼的动作(演员休·格兰特在所饰演的角色遭遇问题或搞砸事情时,就经常做出扑闪眼睑的动作)。当人们绞尽脑汁寻找合适的词,或无法相信他们刚刚听到或目睹的事情时,也经常会眨眼。此外,怀疑也通常表现为眼睑跳动。

59 指着双眼

在某些文化中,食指放在眼睛下面表示怀疑或事情可疑。但在一些文化背景下,许多人在思考或质疑别人所说的话时，也会下意识地用轻微抓挠的方式做出这个动作。如果你前往另一个国家，最好问问当地人这个动作有着什么特别的含义，在罗马尼亚的时候我被告知，手指着眼睛下面，通常表示"小心，我们不相信在座的每一个人"。

60 指着眼睛等一连串动作

将食指放在眼睛下面（见#59），同时加上挑眉和紧闭双唇的动作可能表示疑虑、惊讶或怀疑。如果再辅以"下颌后缩"这个动作的话，就基本可以做出判断了。

61 翻白眼

翻白眼表示轻蔑、不同意或厌恶等情绪。当孩子做出此动作，通常表示叛逆或者对父母表明态度。但在任何专业的场景中，此动作都是不合时宜的。

62 触摸眼睑

触摸眼睑可以被视为眼睛阻塞的表现，同时也是一种缓解紧张的方式。通常当人们说了不该说的话时，周围的人会触摸或轻微抓挠自己闭着的眼睛——这是一个很明确的信号，表明有人说了不恰当的话。在政客身上总能见到这个动作，比如一个人说错了话，而另一个人注意到的时候。

63 疲劳的眼睛

疲劳通常首先表现在眼睛上。疲劳会让眼睛和周围区域看起来绷得很紧、浮肿、沧桑甚至改变颜色。这可能是长时间工作造成的，也可能源自外部因素，比如遭受压力，还可能是哭泣的结果。

64 凝视远方

独处或和人交谈时，有些人会用凝视远方的方式避免自己分心，或是让自己更有效地思考。这也可以作为一个信号，提醒我们不要打断正在沉思或陷入回忆的人。

65 呆滞的眼睛

许多原因都会让眼睛看起来呆滞，比如酒精，比如大麻之类的毒品，以及其他具有更强危险性的物质。当试图评估一个人是否受到毒品或酒精的影响时，观察者还会结合其他行为，比如是否说话含混不清或反应迟缓。

66 斜睨

眼睛向一侧斜睨，时常用来表示人们内心的疑虑、漠视、不愿靠近甚至是轻蔑，当人们感到忧虑、怀疑或不相信的时候，这是经常出现的共通表情。

67 眼睛看向天花板或天空

当事情突然变得不可思议，或者某人自感运气不佳时，经常会出现这种戏剧性的姿势：头部向后倾斜，抬头仰望天空。我们也会在运动场上看到这种情景，比如高尔夫球手推杆失误。这表情在表达着内心的难以置信，好像在恳求上天帮助或怜悯自己。说起来，这种行为确实有一些效用，因为压力会导致颈部紧张，这种姿势可以通过伸展颈部的胸锁乳突肌（sternocleidomastoid muscle）来得到缓解。

68 用眼神寻求接纳

当人缺乏信心或说谎时,通常会巡视听众,检视听众的脸庞,查看他们是否相信自己的话。这个动作不一定是欺骗,也可能是希望自己所说的话能被别人接纳,而一个区分的经验法则是:说实话的人只是传达信息,而说谎者往往试图说服别人。

69 眼睛往下看

与避开视线不同,这个动作不会中断目光的接触,而是通过双眼略微低垂来表示尊重、虔诚、谦卑或忏悔,这样眼神接触就不会太过直接或强烈。这通常与文化背景有关,当孩子在接受惩罚时,会被教导不能抬头直视长辈或权威人物。非裔和拉丁裔儿童经常被教导要向下看,以此表示尊重,这无论如何也不应被误认为企图欺骗。而在日本,初次见面时目不转睛地盯着对方眼睛是不礼貌的,出于对社会习惯的尊重,在此时也必须垂下眼睑。

(70) 悲伤的眼睛

上眼睑下垂时，人仿佛失去了活力，眼睛看起来悲伤、沮丧或呈现抑郁。然而，这种表情和因疲劳而下垂眼睑看起来十分相似。

(71) 移开目光

交谈时移开目光到底代表了什么，必须视情境而定。当心情轻松的状态下（比如与朋友聊天时），我们可能在讲故事或回想某件往事时，移开视线并陷入回忆。目光移开并不表示欺骗或说谎，很多人发现把目光移开有助于自己回忆细节。

(72) 长时间凝视

在谈话中，沉默常常伴随着长时间的凝视。此时，视线可能投向一个人或远处的某物，但这只是表明此人正在深思或消化信息。

(73) 眯眼

眯眼是表达不悦或担忧的一种惯常方式，尤其是当我们听到或看到我们不喜欢的事情时。有些人一听到令人烦恼的信息就会眯起眼睛，这个反应准确地表现出了他们的感受。但请记住，当我们单纯地专注于某事，或是试图理解我们所听到的事情时，我们也会眯眼，所以在解释这种行为时，所处的情境是至关重要的。

(74) 轻微地眯眼

当我们压抑自己的愤怒时，通常会微微眯起眼睛，同时眼睑下垂。这种缩小眼睛缝隙的行为，必须与其他行为（如面部紧张或是在极端情况下握拳）结合起来进行判断。

(75) 攻击性的凝视

凝视也可以用来恐吓，或作为争吵的前奏。目光像激光一样聚焦在对方的眼睛上，不移开眼睛，甚至不眨眼，这是攻击的信号。有趣的是，其他灵长类动物在感到不能容忍某种行为，或即将发生肢体冲突时，也会有这样的表情。

76 愤怒的眼睛

愤怒通常是一系列面部细节集中表达的结果，首先，是靠近鼻子的眼睛部分眯了起来（就像这样：><），同时，鼻子皱起或扩大，有时嘴角还会向后拉，露出紧咬着的牙齿。

77 瞪大眼睛（发呆）

这种表情通常源于外部的刺激。眼睛睁大表示压力、惊讶、恐惧或遇到了重大问题。如果呆滞地瞪眼睛的时间比平时长，那表示肯定出现了问题，而这问题往往来自外部刺激。

78 眼睛的装饰

自埃及金字塔时代以来，世界各地的男女都喜欢用各种颜色装饰自己的眼睛（包括眼睑、眼下、眼侧等），使自己更具魅力。人们为此使用了墨水、染料、矿物和油，而这也成为他们文化传统的一部分，并因为其效果斐然，一直传承到了现代社会。我们总是被眼睛所吸引，当它们被色彩装饰时就更是如此。我们也会被又长又密的睫毛吸引，大多数的女性和部分男性会为了让自己更有吸引力而凸显自己的睫毛。

NO.5 第五章

耳朵

可爱的耳朵、小耳朵、大耳朵、下垂的耳朵、打耳洞的耳朵、戴装饰的耳朵、畸形的耳朵，我们的耳朵总是十分显眼。耳朵本身就长得突出，还有一些特别的实用功能——从通过声波收集信息，到帮助我们散热。其实，耳朵还有很多你没想到的功能，它还能用来进行重要的非语言交流。有研究表明，恋爱初期的情侣们，会花很多时间研究彼此的耳朵，研究它们的形状、温度，以及对于触摸和情感会做出怎样的反应。耳朵可以进行的交流，远比我们想象的要多，而且以一种令人惊讶的方式呈现。

79 拉耳垂或按摩耳垂

当我们感到压力或在思考某事时，拉耳垂或按摩耳垂会产生一种微妙的、舒缓的效果。摩擦耳垂还能与怀疑、犹豫或权衡利弊这些心理联系在一起。在某些文化中，这个动作意味着一个人对所说的话有所保留或还不确定。演员亨弗莱·鲍嘉就因在思考问题时喜欢摆弄耳垂而闻名。

80 耳朵潮红或涨红

如果耳朵皮肤像身体其他部位（比如脸、脖子）一样突然且明显地变红，很可能是由自主神经兴奋引起的，而自主神经兴奋的原因通常是愤怒、尴尬、恐惧、焦虑、激素变化或药物反应。有时候，仅仅是个人空间被侵犯就有可能引起这种反应。当耳朵的皮肤变成粉红色、红色或紫色时，皮肤摸起来也会发热。大多数人是无法控制自己皮肤潮红（充血）的，对一些人而言，这非常尴尬。

81 向某人附耳过去

把耳朵转向或接近正在说话的人，表明我们在专心听，并且想要确认一些信息，或者是希望听得更清楚。接下来，我们可能还会把手指并拢弯曲并贴在耳后，以收集到更多的声音。在约会中，我们会允许心仪的人靠近我们的耳朵，尤其是当我们把耳朵伸向那个人时。

82 倾听

无论是在公开场合还是私人场合，积极倾听都是必不可少的肢体行为，它能传达出我们是否感兴趣、乐于接受或感同身受。优秀的倾听者都懂得进退，会等待发言的机会，并在别人发言时保持耐心。为了做到这一点，我们要尽量确保自己能和感兴趣的人面对面，这样才能高效地接收信息。

83 装饰耳朵

为了适应某种文化背景，人们会采取很多方法改变耳朵的自然外观，比如装扮、变形、穿孔、着色、堵塞等。耳饰大多带有特定的文化内涵，并有着明确的目的——显示社会地位、寻找求偶的机会或群体的认同等。耳饰通常能让我们非常准确地了解一个人的背景、职业、社会地位、传统习俗和个性。

84 受伤的耳朵

高温、化学物质或外部伤害都会损伤耳朵的软骨和组织。橄榄球运动员、摔跤运动员和柔道运动员的耳朵都很容易受损,受伤的耳朵有时会被称为"菜花耳"(cauliflower ears)。

NO.6 第六章

鼻子

出生伊始，所有哺乳动物都会用鼻子寻找母亲的乳汁，这让它们得以生存。随着人类年龄的增长，鼻子会继续帮助我们找到我们喜欢的食物，并保护我们的安全，比如用气味警告我们食物已经腐烂，或某种东西对我们有害。同时，鼻子还能帮我们过滤进入到肺部的空气。当涉及浪漫和亲密关系时，我们的鼻子会捕捉到别人的信息素，使彼此更加亲近，同时，鼻子也能帮我们从潜意识层面确认自己是否喜欢一个人。此外，鉴于文化因素，我们可能会在鼻子上打孔或塑造鼻子的外形，使其更薄、更宽、更挺拔或更娇小。覆盖鼻子及周边的肌肉是非常敏感的，当我们对闻到的气味感到不悦时，它们会立即收缩，用皱鼻子来表示我们的厌恶。鼻子帮助我们通过气味与其他人相区别，还能保护我们免受有害化学物质和细菌的侵害，正如你所见，它们对于交流和理解他人也同样至关重要。

(85) 用双手盖住鼻子

突然用双手盖住口鼻，与惊吓、诧异、不安、恐惧、怀疑或担忧有关。当发生车祸、自然灾害、听闻噩耗等悲剧事件时，我们都可能见到这个动作。进化心理学家推测，这种动作的出现是为了避免狮子或鬣狗等掠食者听到我们的呼吸声。这个动作使用十分普遍，在各地都能看到。

(86) 向上皱起鼻子（厌恶）

鼻子对负面情绪非常敏感，用鼻子表示厌恶时，通常鼻子会向上皱起（也称为“兔鼻子”），而皮肤和下面的鼻肌则一起收缩。这个姿势会使靠近鼻子的眼角也变窄。婴儿从大约三个月甚至更早的时候，一旦闻到不喜欢的气味，他们就会皱起鼻子。这种表示厌恶的暗示会伴随我们一生，当我们闻到、听到甚至只是看到我们不喜欢的东西时，鼻肌就会不由自主地收缩，揭示出我们的真实情绪。

(87) 单边皱鼻

如同上面所说，皱起鼻子或让鼻子弄出褶皱的动作，是明确表示厌恶或不愉快的信号，并且通常是鼻子两侧一起动作。然而，某些人只会皱起鼻子的某一侧，并同时牵动同一侧的嘴角一同上扬，这个动作被一些人叫作埃尔维斯（猫王）效应（Elvis effect）。将一侧鼻子很明显地皱起，与皱起两侧鼻子所代表的含义相同，都是表示厌恶。

88 鼻子抽动（加勒比地区）

当一个人直视某人时，鼻子肌肉迅速收缩，使鼻子向上皱起，但又不像上文表示厌恶情绪时那样眯起眼睛，这种行为是一种语言捷径，是在无言地问你："发生了什么？""怎么了？""你需要什么吗？"在整个加勒比地区，包括古巴、波多黎各和多米尼加共和国等地，以及在迈阿密、纽约等拥有大量加勒比地区人口的城市中也可以看到这种现象。在迈阿密国际机场的咖啡柜台前，我经常会被人用抽动的鼻子来打招呼，意思是："你想要点什么？"如果你遇到了，就直接点单吧。

89 食指与鼻子

将食指停留在鼻子下面或侧面一段时间，经常与焦虑或担忧的情绪有关，你需要借助其他线索进一步辨别其中含义。这种行为不同于轻摸鼻子（见#95）或抚摸鼻子，因为在这个动作中，手指只是停留的时间较长，没有其他表现。

90 轻点鼻子

轻轻地用食指多次点鼻子，这是个很特别的动作。虽然人们在沉思、怀疑或感到事情有问题时也会做此动作，但此动作通常与压力或内心的不适有关。

91 仰头抬高鼻子

故意仰起头以抬高鼻子，这个动作代表了自信、傲慢、优越感或者是愤慨。它也是一种文化现象，在一些国家和社会环境中会更常见。当位高权重的人试图在群体中彰显自己的地位，它就可能是优越感的信号。意大利独裁者墨索里尼（Mussolini）和法国将军夏尔·戴高乐（Charles de Gaulle）都因此动作而闻名。在俄罗斯，克里姆林宫的仪仗队也以这种抬高鼻子的动作而被人们熟知。

92 用轻敲鼻子示意

在一些文化背景下，用食指轻敲鼻子可能代表"这里很臭""我不信任你""我有异议"或"我正非常认真地盯着你"。此动作也可以代表"我注意到你了"或"我支持你"[保罗·纽曼与罗伯特·雷德福在电影《骗中骗》(*The Sting*)中，就做出过这个动作]。

93 鼻孔张大

当我们的身体准备做动作时，鼻孔(鼻翼)通常会张大。正处于心烦意乱的人，如果觉得自己必须站起来或跑出去，或者是即将采取过激行为的人，都会扩张鼻孔以吸入更多的氧气。在警察的经验中，这个动作可能表示一个人即将逃跑。而在人际关系中，这是一个很明确的标志，表明这个人想要冷静一下。

94 触摸人中

人中（philtrum），是位于上唇上方、鼻子下方的凹陷沟槽。当人们感到压力时，会做出拔、抓或拉人中区域的动作，有时甚至相当用力。人中还会以其他方式暴露出人们的压力——汗液往往会聚集在那里。也有人会把舌头置于牙齿和人中后部的嘴唇内侧，用舌头从里面顶人中的部位，用舌头刺激这个区域，是一种常见的安抚手段。

95 轻摸鼻子

用食指轻轻摩擦鼻子，也可以起到安抚作用，这表明紧张的情绪正被逐渐掩盖，被"一切都很好"的感觉取而代之。从一些习惯于控制局面但又不得不承受压力的专业人士那里可以看到此动作，它也经常会出现在试图掩饰抓到烂牌的扑克玩家身上。

96 吸鼻子

许多人在即将宣布糟糕或不愉快的消息时，会在说话前迅速吸一下鼻子，声音大到旁人都能听到。我也见过人们在听到困扰自己的问题时做出了这个动作，还有人会在自己撒谎之前这么做。鼻子里的鼻毛和神经对湿度、气流和触碰都非常敏感，快速的吸气会刺激鼻毛和相关的神经末梢，这能暂时减轻人们在不得不透露出令人不安消息时的压力。

FBI

NO.7 第七章

嘴

吃饭、喝水、呼吸这些重要的事都离不开嘴，当然，嘴也是我们形成和发出声音的地方。嘴巴对触摸和温度都高度敏感，嘴巴周围有十多处结构复杂的反射肌肉，这些肌肉不仅能对触摸做出反应，还能透露出我们的思维和情感。嘴可以是蛊惑的，也可以是悲戚的，可以是快乐的，也可以是痛苦的——当一种情绪瞬间转变为另一种情绪时，嘴总能准确地记录下来。在我们通过对方的眼睛寻找线索后，下一步，就应该在这里寻找反映对方想法的辅助信息。

97 大声、短促地呼气

人在这样呼气时，嘴唇会微微张开，表示自己压力很大或很沮丧。人们在听到坏消息或面临困境时，也会有此行为，它有助于缓解情绪，尤其是当我们生气的时候。

98 宣泄式呼气

脸颊鼓起、嘴唇紧绷的呼气方式，表明正在承受压力或压力已经过去。你可能会在考试或面试结束，以及发生意外后看到这一动作。这种呼气会非常响亮，比上面的动作需要更长的时间来完成。

99 肯定式吸气

在斯堪的纳维亚半岛地区的国家、英国部分地区和爱尔兰，人们有时会突然大声吸气，发出一种独特的声音，以此表示"是的"或"我同意"。这是一种语言捷径，因为人们不需要说出一个字。当人迅速地大声吸气时，听起来好像气喘吁吁。有一次，我在瑞典乘车游玩，当我询问是否到达目的地时，司机只是肯定地吸了一口气——仅此而已。

100 用嘴角吸气

嘴角突然微微张开，迅速吸入空气，发出类似吸吮的声音。这种行为既能被看到，也能被听到，而它所揭示的信息则相当准确：恐惧、担忧或是焦虑。在做这个动作时，嘴巴的大部分并未参与，表明这个人从根本上限制了嘴唇的自由活动，这种行为表明了压力，在某些情况下也表明疼痛，比如有人踩到你的脚。

101 屏住呼吸

测谎师都很清楚一件事：当面对压力时，很多人都有屏住呼吸的冲动，试图以此控制自己的紧张，他们甚至需要被特意告知去呼吸。屏住呼吸是冻结、逃跑、战斗反应的一部分。如果你看到有人在被提问时抑制呼吸或屏住呼吸，很可能他正在经历恐惧或忧虑。

102 口唇干燥

压力、恐惧和忧虑可能会导致口腔干燥[临床称为口干症（xerostomia）]。一些处方药和违禁药物也可能导致这一现象，口唇干燥并不像有些人以为的那样是欺骗的表现，它代表的往往是某人正承受压力或焦虑。

103 口涎凝结物

由于压力、药物或疾病导致的口干会导致唾液变得黏稠并固化。这些凝结物通常看来像是小棉球，并大多会在嘴角处聚集。在紧张的演讲者身上，这种现象有时会更明显，而这很容易让别人分心。如果你感到紧张，掐捏并擦拭嘴角将是个好习惯，可以避免出现口涎凝结物，同时，要记得喝水。

104 嚼口香糖

嚼口香糖能有效地让人获得安抚，但用力咀嚼则可能代表忧虑或焦虑。有些人在遇到压力时，即使嘴巴里没有口香糖，也会习惯性地做出快速咀嚼的动作。

105 出怪声

如果一个人总是突然发出噪声、咔嗒声、唧唧声或清嗓子，都要警惕是不是患上了妥瑞氏综合征（Tourette's syndrome，简称 TS）或其他导致声音抽搐的疾病。压力和焦虑是引起妥瑞氏综合征暴发的催化剂，我们要明白这是患者无法控制的。在一些患者身上，还会表现为手臂不规律地挥动。而我们能给予的最好的帮助，就是叮嘱别人不要盯着患者看，因为这对他们来说是很尴尬的。

106 咬舌头（咀嚼）

在承受压力时，有些人会习惯性地咬自己的舌头或脸颊内侧，以安抚自己的神经。在那些已经形成神经性抽搐的人身上，这一点表现得尤为明显，他们的舌头会因此受伤甚至溃疡。压力之下，人们的这种行为还会加剧，然而不幸的是，咬舌头和脸颊会很容易演变成一种病态，就像反复拉扯头发一样。

107 咧嘴

当我们觉得害怕或意识到自己犯了错，常常会不自主地、大幅度地往两侧下方咧嘴，露出下排咬紧的牙齿。此动作经常出现在我们被人提醒自己忘了带重要的东西时。

108 打哈欠

打哈欠是十分有效的安抚动作，因为它能通过刺激下颌的神经来缓解压力。特别是颞下颌关节（temporomandibular joint）。近期有研究表明，打哈欠时快速吸入的空气会冷却上颚的血液循环，就像汽车散热器一样，将降了温的血液流向大脑。打哈欠可能表明某人太热了，我在采访中就经常发现这一点，他们的热来自压力。此外，被裹得太热的婴儿也会在睡觉时更频繁地打哈欠，以帮助自己降温。

109 抽烟

平时吸烟的人，在压力大的时候会更想要吸烟。任何一个人如果出现了与往常吸烟习惯不同的行为，都可以作为他压力大的证据。甚至有可能因为压力太大，以至于忘记自己吸了多少支烟。从肢体上说，过度吸烟会导致手指上出现烟渍，还会让手上散发恶臭。

110 暴饮暴食

在压力下，有些人会吃得太多，甚至远远超过正常的食物摄入量。我曾见过一些人在看橄榄球比赛中吃下了大量的食物，以至于自己生病，他们是把对喜爱球队的焦虑转移到了自己的食欲上。

111 舌头顶着脸颊

把舌头紧紧贴在一侧脸颊上，并保持在适当的位置，此举可以缓解紧张。这种情况最常见于面临高压力的人、隐藏秘密的人或侥幸逃脱了惩罚的人。当然，在一些顽皮或者胡搅蛮缠的人身上，也能看到这个动作。

112 吐舌头

舌头突然从牙齿间伸出来（有时不会碰到嘴唇），这意味着"我幸运地逃脱了"或"哎呀，我被抓住了"。当人们发现自己犯了错误时，也会做出这个动作。吐舌这个动作在世界各地普遍存在，并且具有明显的一致性，无论它是源自一笔侥幸谈成的大买卖、得到一块饼干作为奖励、取得了一次好成绩，还是撒了一个弥天大谎。

113 侮辱地吐舌头

几乎所有文化中，伸舌头都具有侮辱意味，表示内心厌恶或不喜欢。即使是很小的孩子，也会用这种方式来羞辱人。太平洋岛屿上的勇士，比如毛利人（Māori），会很夸张地伸舌头，以此作为恐吓和侮辱的方式，并且辅以瞪大的眼睛，这让伸出来的舌头更让人望而生畏，直到今天，在毛利人的哈卡舞中仍然会使用这个动作。

114 伸长舌头

通常，在处理复杂的事务时，人们会伸出舌头，或者侧向一边，或者把舌头垂在下唇上。我有个会计师在把数字输入计算器时就会这么做，并且，我在大学里经常看到学生们在考试的时候也会如此。将舌头放在这些位置有双重作用：安抚自己；同时告诉别人我很忙，不想被打扰。迈克尔·乔丹在打篮球时，只要他的舌头伸出来，通常很快就会有两分球入账。

115 舌头顶住上腭

当人们为某事感到挣扎时，可能会将舌头顶在上腭，通常还会同时微微张开嘴巴，别人可以看到至少一部分的舌头。在参加考试、填写申请表、投篮未中或需要心理安慰时，我们都能看到这个动作。

116 舔牙齿

就像舔嘴唇（见 145）一样，我们也会在口腔干燥时舔牙齿，原因大多是紧张、焦虑或恐惧。用舌头摩擦牙齿和/或牙龈是一种很普遍的减压方式，但也是身体脱水的潜在迹象。顺便说一句，当你闭着嘴做这个动作的时候，别人可以听到你的舌头在嘴唇里贴着牙齿上方滑动的声音。

117 舌头窜动

为了缓解压力，有些人会在紧张或担心的时候把舌头从嘴角的一侧移动到另一侧（从脸颊可以看出）。通常，他们会觉得自己不会被注意到，或者别人不会明白自己的用意。

118　舌头轻抚牙齿咬合面

用舌头轻抚牙齿的咬合面，也能舒缓压力。当一个人反复这样做，他是在试图安慰自己，让自己不要为某事感到焦虑。然而需要注意的是，就像所有重复性的行为一样，如果人们总是这样做，将这个行为变成了常态，你就会忽略这种行为，但当他们停止这样做时，其中的原因则更加重要。

119　龇牙咧嘴

有时人们会突然把嘴角向后拉，并保持这个姿势，同时露出紧咬的牙齿，这就是传闻中的"恐惧咧嘴笑"。这个动作非常类似于黑猩猩在害怕或恐惧强势的同伴时的神情。当人类被发现做了不该做的事情时，往往也会以这种方式露出自己的牙齿。根据具体情况，这种行为还可能同时伴随着眉毛的向上拱起。

120　轻咬牙齿

当感到压力、无聊或沮丧时，有些人会轻微地移动下颌，咬合自己某一侧的犬齿。这个动作会向大脑发送信号，帮助人们内心平静下来。

121 语调

我们说话的语气既可以给人带来舒适，也可能让人觉得挑衅。因此，我们可以用语气来改变或强化别人对我们的看法。你可以表现得友好、甜美、善良、有爱心和博学，也可以表现得多疑、愤怒或傲慢，这些都取决于你的语气，说话的语气很重要。有趣的是，如果你想引起别人的注意，降低自己的语调反而是最好的方法。低沉的声音还能抚慰人心，任何哄过孩子睡觉的父母都能明白这一点。

122 音调

当我们紧张时，我们的声音往往会升高，这是由声带紧张引起的。当一个人感到压力、紧张或缺乏安全感时，仔细倾听他的声音，你会发现变化。

123 升调

升调是指人们在陈述句的末尾调高了语调，就像在提问一样。研究表明，即使在电话中仅仅出现一次升调，也会让对方产生负面印象。虽然在很多年轻人中很流行这种升调，但这会让他们听起来缺乏自信，犹豫不决。

124 结巴／口吃

有些人会出现病态口吃（说话时重复音节）。对一些人来说，会因此深受折磨，比如英国国王乔治六世就是如此，科林·费尔斯在 2010 年的电影《国王的演讲》（*The King's Speech*）中对他进行了经典刻画。对于很多平时不口吃的人来说，高度的压力或焦虑也会导致自己出现暂时的口吃和结巴。

125 延迟回答

许多人错误地认为，延迟回答意味着一个人在撒谎，或者是在故意拖延时间，以便想出一个可信的答案。真相却是，诚实的人和不诚实的人都可能因为某种原因而延迟回答。有罪的人或许是在被迫思考自己该说什么，而无辜的人很可能是在考虑如何最好地表达。根据我的经验，延迟回答确实应该引起我们的注意，但并不意味着对方欺骗。在某些文化中——比如在许多美洲原住民中——当一个人考虑到问题的复杂性和具体细节时，延迟回答是很正常的反应。此外，压力或疲劳也会使我们反应迟钝。在听证会的正式质询中，人们也会因为气氛严肃而导致自己延迟答复。

126 沉默

长时间的沉默，甚至只是一个"意味深长的停顿"，也能说明很多问题。有时，当我们想不起某个信息或正在思考某事时，会无意识地沉默。但有些时候，沉默却是有意为之，比如谈判中一方的代表可能会暂时沉默，让另一方来填补空白。沉默还可以用来表明某个人正在陷入思考、回忆、权衡、谋划或困惑。优秀的演员总能有效地使用它，面试官也是如此。

127 沉默并暂停回应

当一个人在听到或看到某样东西时突然变得沉默，停止动作或改变了呼吸的节奏，请多加留意，因为这是一种对负面事物的典型反应。这些负面事物让人感到震惊，或者让人重新评估自己所知道或相信的东西。

128 用争论打断别人

争论的唯一目的是破坏会谈或演讲,这是阻止进一步讨论的常用手段。这种重复性的打断行为,与语言具体的内容无关,而只是为了打断发言或激化矛盾。这种方式并不能推进对话或搞清任何问题,它显然只是为了激怒、恐吓某人,或使某人在情绪上遭到打击。我在工会会议中,多次看到成员这样打断演讲者。

129 带有语气词的宣泄性呼气

这种形式的宣泄性呼气,类似于我们在说一个字却永远说不清楚,我们会发出"呼……"或"呜……"或"喔……",但从不说完。这些也被认为是非语言的肢体行为,尽管我们通常可以凭直觉知道它们的意思,但并没有语言真的被说出来。通常这些话语也是没有意义的,尤其是对外国人来说,但它们能帮我们在不冒犯任何人的前提下缓解压力。

130 语速

语速是一个关键的非语言指标。在美国的一些地方，人们会故意放慢语速，而在其他地方，人们则说话很快，干脆利落。语速能传达出说话者的性格，以及他们来自哪里、在哪儿上学等信息。一个人如果改变了自己的语速，可能表明受到了压力，或是不愿回答敏感问题。

131 不停地说话

这可能是出于紧张，也可能是因为过于关注自己，以至于不考虑别人。这种行为发生的情境非常关键。一个人可能会在一场事故后语无伦次地说个不停，这是由惊吓引起的；但是在聚会上，那个对你唠叨个没完的人，则是想让你知道他心目中谁最重要——反正不是你。

132 语无伦次

在事故或悲剧事件之后，一个人可能会开始语无伦次，这是压力与大脑中负责情感的部分不堪重负的结果。根据事故或悲剧的具体情况，这个行为可能持续数小时甚至数天，在战区的士兵和难民身上，就经常上演这一幕。

133 重复的词汇

在高压之下，人们可能会以一种看似荒唐的方式一遍遍重复某些词语。如果你想让他们说些别的话，很可能不会奏效，他们就像被困在了一个循环里。我曾经听到一位车祸受害者一遍又一遍地说着"金属"这个词，脸上还带有恐惧的神情，这是她唯一能说出的话。

134 回复的速度

有些人在回答问题时会很花时间，开始，然后暂停，然后再继续。还有人会在你问完问题之前就做出回应。人们回复的速度，反映了他们思考和处理信息的方式，同时还需牢记的是，反应速度也取决于文化背景和思维的敏捷性。

135 快速答复

给出答复时，快并不总是好的。当一个人匆匆道歉时，道歉就失去了意义，显得机械而做作。同样的原则也适用于赞美或欢迎别人时，这些时刻，正是我们应该慢慢来的时候。快速道歉或称赞他人，表明事情存在着问题，比如社交焦虑、不情愿或缺乏信念。

136 填充词

诸如"啊""嗯""哼"、咳嗽或清嗓子之类的声音，以及说话时的犹豫，都可能表明人们一时不知该说什么，却又觉得自己必须搞出点声音来填充空白。美国人一个公认的习惯，就是会在思考该说什么、寻找合适的措辞、等待适合的时机或在回忆一段经历时使用填充词。这些填充词不是真正的词汇，所以它们被认为是一种辅助语言或非语言。

137 咳嗽或清嗓子

当人们需要回答难题或处理困难的事情时，会经常咳嗽或清喉咙。当人们必须给出一个具有深度或有针对性的答复时，也可能会清喉咙。我注意到，有些人在说谎时也会清嗓子或咳嗽，但并不代表这些动作就是欺骗的黄金指征，因为诚实的人在紧张的时候也会这样做。

138 紧张地吹口哨

吹口哨是种宣泄式呼气（参见 # 98），它会帮助我们舒缓压力。这是一种很有效的安抚行为，也正因此，人们在独自旅行时，在身处黑暗或荒凉的地方时，或者独自一人感到不舒服时，往往都会吹口哨。在电影和卡通片中，角色经常在穿过墓地时用吹口哨来缓解恐惧。

139 啧啧声

许多文化背景下，舌头与牙齿制造出来的啧啧声代表不同意、羞辱或者提醒人们注意错误的事。发出啧啧声的一种方式，是把舌头贴在门牙后面和上腭处，然后快速吸气，发出尖锐、短促的声音。这个动作通常还与挥动手指相配合，表明已经发生了越界行为，并且已经被注意到。当孩子们要调皮捣蛋时，父母经常发出啧啧声。

140 笑声

笑是一种普遍的具有娱乐、幸福和喜悦含义的行为。众所周知，当我们笑的时候，我们感受到的压力更小，感受到的痛苦也更少。确实，笑作为一种有益且有保护作用的进化，出现在了人类身上。笑声也有很多种：当我们听到一个真正有趣的笑话时，发出的肆无忌惮的咯咯声；孩子们欢快的笑声；想要奉承权势时的谄媚笑声。一个人笑的方式能说明很多问题，当你对此有疑问的时候，应该深入调查一下对方的情绪和所处情境。

第八章 嘴唇

我们用手机自拍时会噘起嘴唇，还会用口红给它们涂上色彩，让它们更有吸引力。我们给它们注射胶原蛋白来掩盖年龄，还有人会舔舐嘴唇来保持唇部湿润。我们的嘴唇有丰富的神经末梢，可以感知压力、冷、热、味道、是否柔软，甚至是空气的流动。它们不仅可以感受，也可以是有感情的。嘴唇传达着人的喜欢、不喜欢甚至恐惧等情绪。我们装饰它们，给它们按摩，为它们注射肉毒杆菌，和它们玩耍——是的，我们用嘴接吻。在某种程度上，嘴唇是使我们成为独一无二的人类的原因之一。

141　嘴唇的饱满度

根据我们不同的情绪状态，我们的嘴唇也会改变大小和尺寸。当我们感到压力时，它们会变小；当我们感到舒适时，它们会变大。丰满柔韧的嘴唇表示放松和满足。当我们感到压力时，血液会从嘴唇流向身体其他更需要血液的部位。嘴唇的丰满度，可以视为一个人情绪状态的晴雨表。

142　手指放在嘴唇上

用手指盖住嘴唇通常表示不安全或怀疑，但也要配合具体情境考量。尤其是当人们得知自己需要处理问题时，这种行为尤其值得注意。当人们认真思考某事时，也可以看到这种行为。有些人在任何情况下都会做这个动作，这对他们而言是一种压力的释放，让人回想起自己吮拇指的时期，所以，对此动作要慎重给出结论。

143　扯嘴唇

拉或扯嘴唇通常与恐惧、怀疑、担心、缺乏信心或其他困境有关。而对于那些为了打发时间而一直这样做的人，这不过是一种安抚，可以忽略不计。而对于那些很少这样做的人来说，这是一个很明确的信号，表明事情出了问题。

144 咬嘴唇

咬嘴唇是一种安抚动作，通常出现在人们感到压力或担忧的时候。我们咬嘴唇，是因为在过了一定年龄后，吮吸拇指不再被外界所接受，而咬嘴唇也会刺激口腔中相同的神经。当我们想说某事但不能说时，也可能会做出这个动作。此外，有些人在生气的时候，会将咬嘴唇作为一种自我克制的手段。

145 舔嘴唇

和咬嘴唇一样，用舌头在嘴唇上摩擦也有助于安抚我们。这种行为通常与担忧、焦虑或其他负面情绪有关，当然，也有可能只是单纯的嘴唇干燥，所以在下结论时要慎重。然而，对于一些人来说，这却是一个非常可靠的指征，表明他们正承受着很大的压力。作为一名教育工作者，当一个毫无准备的学生准备参加考试时，我经常能看到这种情况。

146 双唇变窄

嘴唇变窄通常与担忧、恐惧、焦虑、缺乏自信等消极的想法有关。当我们处理难题或感到压力时，嘴唇往往会变窄。

147 双唇紧闭

当我们一整天遇到的都是消极的事件、不舒服的想法和忧虑的情绪时，我们的嘴唇会收缩并且合在一起，即使只有一瞬间，这个动作也准确地传递出了我们的担忧。嘴唇受到的挤压可以非常轻微，也可以达到足以让嘴唇明显变色的程度，因为过于紧闭的双唇会导致血液被挤走。嘴唇收缩的时间可能非常短暂(1/20 秒)，但它准确地揭示了人们难以抑制的负面情绪。

148 轻撇嘴唇

有时候我们会轻轻撇嘴，来表示对他人的不快。与双唇紧闭不同，轻撇嘴唇通常只动上唇。尽管动作轻微，还是会透露些许内心的端倪，而考量时，还需要参考其他的肢体语言。

149 紧闭双唇并向下拉

当人们意识到自己犯了一个重大的错误，或被发现做错事时，你会在他们脸上看到这种惊诧的动作。嘴唇紧紧地合在一起，同时嘴周围的肌肉收缩，使嘴唇微微下移，拉伸人中让上唇远离鼻子，并将嘴部紧紧地贴在牙齿上。

150 双唇紧闭不放松

长时间紧闭双唇不愿放松的人，表明他们正经历着高度的压力或忧虑。在某种程度上，挤压嘴唇成了我们的一道心理防线，就像用手捂住眼睛来屏蔽负面的事物一样，越是紧张或忧虑，就越会紧抿嘴唇。

151 使劲吸嘴唇

当我们有着深深的担忧或焦虑时，可能会把嘴唇吸进嘴里，直到不能看到它们。这与双唇紧闭 (见 147) 有很大的不同，双唇紧闭时，大部分的嘴唇仍然可见。而使劲吸嘴唇，通常是在有着巨大的压力、严重的身体疼痛或激烈的情绪动荡时才会出现。

152 嘴唇颤抖

在排除酒精或神经紊乱的前提下，嘴唇边缘的颤抖，无论多么轻微，都表示出现了不适、担心、恐惧或其他问题。孩子在被父母或其他有权威的成年人质问时，往往会颤抖嘴唇，一些从未被执法人员问话过的老实人也会如此。人力资源人员曾告诉我，有些年轻人在被问及是否使用过违禁药物时，嘴唇就会颤抖。

153 嘴角下垂

当嘴唇被压缩，并且嘴角向下倾斜时，表示情绪相当糟糕。这是一个表明压力或不适的强烈信号，且因为这种行为很难伪造，所以非常准确。不过要小心的是，有些人的嘴天生就是下垂的。这个指征类似于"石斑鱼"的嘴（见156)，但不同的是，在做这个动作时，嘴唇要么非常紧密地压缩，要么完全消失。

154 噘嘴

当我们不同意某件事或倾向于另一种选择时，我们会噘起嘴唇(把嘴唇紧紧地贴在一起，向前凸起)。当听众对演讲者所说的内容感到质疑，或知道其中出现错误时，你经常会看到这种动作。噘起的嘴唇越向外凸，消极的情绪就越强烈。在扑克游戏中，当玩家不满意自己的牌时，常常会显露这样的表情。

155 嘴噘向一侧

这与上面的噘嘴行为类似，但这个动作中嘴唇会用力地拉向脸的一侧，明显地改变人的表情。这个动作通常发生得很快，但当人们产生了强烈的分歧时，这个表情可能会保持几秒钟。这是一种强调的姿态，意思是"我是真的很不喜欢；不喜欢你问我的问题，不喜欢听到的话，也不喜欢事情的走向"。姿态越明显或保持的时间越长，这种情绪就越强烈。我们在 O. J. 辛普森案的证人加藤·凯琳做证时，看到了这种显著的肢体表达，在 2012 年夏季奥运会上，体操运动员麦凯拉·马罗尼在跳马决赛中获得第二名时也做出了这个动作。

156 悲伤的唇

嘴唇就像眼睛一样，是我们情绪状态的窗口。悲伤通常表现为嘴角微微下垂，并伴随着上眼睑下垂，这有时会被称为"石斑鱼"的嘴或神态。值得注意的是，有些人天生就是这样的，他们的嘴角永远向下，对他们而言，这动作与负面情绪无关。

157 O形唇

当我们感到惊讶或痛苦时，我们的嘴唇通常会本能地形成一个椭圆形，类似于字母O。我们这样做的原因尚不清楚，但这却是一种跨文化的普遍行为，或许这是我们和灵长类动物共有的一种受惊时的退化反应（vestigial response）。这个表情最著名的演绎就是爱德华·蒙克的画作《呐喊》（*The Scream*）。

158 嘴打开，下颌向一侧偏

当人们做错了事情或意识到自己犯了错误时，就会出现这个动作，此动作类似于下颌下垂 (见 179)。做这个动作时，嘴巴的一角向一边拉，导致下颌也向这个方向移动，与此同时，这一侧被嘴巴紧咬着的下牙也露了出来。当学生们做错了一道不该错的题时，经常会有此反应；员工意识到自己没有完成任务时，也会出现这种情况。做这个动作的过程中，可能还会从咬紧的牙齿间快速吸入空气。

159 微笑

真诚的微笑，是即刻传达友好和善意的一种可靠方式。在世界范围内，它象征着温暖、友善以及社会的和谐。看到别人的微笑，尤其是婴儿的微笑，会给我们带来快乐。而在家庭关系、私密关系和工作中，微笑不仅能为我们打开沟通的大门，还能开启心灵。微笑有很多种，包括对那些我们认识但不熟悉的人的社交微笑、考试时紧张的微笑，以及那些假装喜欢我们或试图表现得舒适的人的虚假微笑。

160 真笑

这是一个被反复研究的主题,真正的微笑涉及的部位包括嘴巴和眼睛周围的肌肉,肢体语言研究者保罗·艾克曼将其称为杜彻尼微笑(Duchenne smile)。在真正的微笑中,面部肌肉反映出的是真正的快乐而不是紧张,所以面部也明显更放松。研究表明,无论是在工作环境还是私人环境中,真诚的微笑都具有真正的"传染性",而且,我们常常会将此特征与有魅力的人联系在一起。

161 假笑

虚假的微笑和紧张的微笑一样,都属于感知管理,目的是让别人相信一切都很好。它很容易与真正的微笑区分开来,然而,假笑时人只会露出脸的一侧,或者笑容的方向冲向耳朵而不是眼睛,看起来很做作。而真正的微笑,会使眼睛和面部两侧的肌肉平滑地活动起来。

162 紧张的笑

紧张或紧绷的微笑表示焦虑、关切或压力。紧张的微笑是为了让别人觉得一切都很好。在机场通关时，你经常会在游客身上看到这种情况，面对喜欢提问的警官，他们会紧张地微笑。

163 笑容是情绪的量表

微笑在揭示内心情感方面能有多准？答案是非常准。研究表明，运动员的微笑会根据自己获得的是第一名、第二名还是第三名而显著不同。有趣的是，同样的区别也适用于先天失明的运动员，尽管他们从未真正看到过别人脸上的笑容。他们的微笑投射出他们的成功或失败，而这再次证明了许多肢体行为已经在我们的大脑中根深蒂固。

164 抿起嘴角

抿紧嘴角并微微向一侧或上方提拉，这个动作表示沾沾自喜、厌恶、漠视、怀疑或轻蔑。如果是想让轻蔑公开化，这个动作就会做得十分夸张或戏剧化，从而使真实的情绪显露无遗。大多数时候，人们只会让一侧的嘴角卷曲，但有些人会两侧同时卷曲，其含义是一样的。

165 上唇上扬

厌恶、蔑视、排斥等负面情绪都会导致上嘴角轻微上扬，或形成"帐篷"式凸起。当情绪强烈时，上扬的幅度也会更明显，以至于上嘴唇向鼻子的方向扭曲，露出牙齿，貌似咆哮。这个动作表示着一种全然的厌恶或敌视。

166 用舌头舔上唇

有些人通过来回舔上唇来反映自己的积极情绪。因为在舌头朝向上唇时，本质上是在对抗重力作用，所以，更有可能是积极的情绪参与了其中。这与通常的舔嘴唇不同，通常的舔唇是在下唇完成的，与压力释放有关。不过，就像所有的肢体语言指征一样，这个动作也有例外，有些人会通过舔上唇来缓解压力，所以还需要结合其他行为得出结论。

第九章

脸颊和下颌

许多人认为脸颊是固定不动的，而下颌也只有咀嚼和说话时能派上用场——换句话说，他们认为这些部位对研究肢体语言没有用。但正是脸颊和下颌赋予了我们独特的脸型。我们希望领导者有强壮的下颌，而时尚界一直青睐高颧骨的模特。我们用化妆品人为地给脸颊上色，以增加我们的吸引力，我们让下颌上的胡子长出来，让脸更加丰满——这就是林肯总统留胡子的原因。从因兴奋或尴尬而变红的脸颊，到感到不确定时移动的下颌，这两个区域绝对能传达出我们的一些信息，绝不应该被忽视。

167　脸部突然抽动

面部抽搐可以发生在脸部的任何地方（脸颊、嘴角、眼睛、前额），而且因人而异。如果你突然看到谁的脸在紧张地抽搐，这通常是由紧张或焦虑引起的。面部抽搐最常发生在脸颊及其附近区域，因为这里有着相互连接的肌肉。

168　推脸颊

人们会用手指紧紧地推或压向脸颊，以此缓解压力——他们倒确实让自己的皮肤上有了一个凹痕。凹痕有时会非常明显，这取决于施加的压力。在东道主队伍表现不佳的体育比赛中，这种情况司空见惯。这个动作可以在脸的一侧由几根手指、一只或两只手完成，也可以用拇指、食指和中指一起捏脸颊完成。

169　按摩脸颊或脸部

脸颊或面部按摩也是释放压力的好方法。这个动作通常很轻柔，人们在沉思时也会有此动作。并且，这个动作在进行评估时需要与其他行为一起进行考量。

170 轻弹脸颊

手指在脸颊上乱弹,通常表示某人很无聊,想要推动事情的进度。准确含义还是需要通过其他行为共同验证,比如是否无所事事或者想换座位等。

171 用手指架住脸颊

将下颌托在伸出的拇指上,同时把食指放在脸颊的侧边。这个动作通常只需一只手完成,表明一个人正在思考,或者想要表现出自己正在思考。有些人会在怀疑别人说出的话时经常使用这个动作,还有些人可能只是将其作为一种帮助自己集中精力的手段。在约会中,如果双方距离较远,这个姿势可以有效地表示出自己对对方的兴趣。

172 鼓起脸颊

脸颊鼓起来却不呼气,通常表示怀疑、谨慎或深思熟虑。这通常会出现在内心担忧或不确定下一步该做什么的人身上。我们经常可以见到有人在解决问题时长久地保持这个姿势。

173 偷摸脸颊

用食指在脸颊上轻轻摩擦，是一种偷偷进行的安抚行为，这表明正在为了感知而控制压力。比如当人们试图隐藏内心的焦虑时，会触摸自己鼻子的一侧，偷摸脸颊通常也是因为想要隐藏不安全感、焦虑或担忧。在接受电视采访的人和扑克玩家的身上，摸脸颊的行为却经常无处遁形。

174 挠脸颊

挠脸颊也是一种安抚行为，这是一种消化内心怀疑和不安全感的方式。它比"偷摸脸颊"更有力度，并且因为是下意识的行为，往往也更准确。然而，当一个人用四根手指搔脸颊的时候，通常则表示有所保留、犹豫、困惑或忧虑。

175 捏嘴角

用手指紧紧掐住或捏住嘴角可以缓解压力。当我们感到满足和放松时，是不太会这样做的。它不同于推脸颊（见168）。这种行为通常是用手指和拇指按压脸颊上肉多的区域，向嘴角方向拉扯，甚至可能拉扯到一片嘴唇或整个嘴唇。

176 干擦脸

在极度紧张的情况下，经常会看到人们把手按在脸上，上下搓动，好像在擦脸。一般来说，这种运动从耳朵前面为起点，到下颌骨附近结束。一个人将脸颊压得越用力、越久，表示内心压力就越大。我曾见过股票经纪人在一个糟糕的交易日收盘后做出这个动作，当一支球队的队员在比赛的最后一秒输球时也会这样做。

177 下颌紧绷

当我们心烦意乱、生气或害怕时，耳朵附近的下颌肌肉往往会紧张起来。当感受到压力、被轻视或情绪变得激烈时，下颌也可能紧张起来。

178 下颌移位／移动

下颌移位或重复移动（从一边到另一边）是一种有效的安抚行为。对某些人来说，这是一种强迫性的行为，所以要注意它发生的时间和频率,并寻找其他行为进行确认,搞清是否存在问题。大多数人很少这样做,因此,当你看到它时,这是条非常明显的线索,表明有什么事正困扰着他们。

179 下颌下垂

下颌突然下垂,张开嘴巴,露出牙齿,表示其内心非常惊讶。当人们感到震惊或面临尴尬的局面时,通常会做出这种动作。为什么这种情境下我们的下颌会突然下垂,其原理尚且不完全清楚,但这个动作却能准确地揭示出人们完全陷入了惊讶的情绪。

180 下颌肌肉跳动

下颌肌肉跳动、抽动或变得紧绷或变得明显,都表明了内心出现不耐烦、紧张、担心、忧虑、愤怒等消极情绪。

181 下颌往前凸

当我们生气的时候,我们的下颌会微微向前移动或凸出。如果再辅以上眼睑下垂或嘴唇紧张的情况，这些行为会使一个人的怒气难以隐藏。

FBI

NO.10 第十章

下颌

下颌有很多种类和形状：婴儿的下颌、圆的、方的、下垂的、结实的、有酒窝的、可爱的、伤痕累累的。它们保护着我们的脸，必要时也能保护我们的脖子。它们也传达着我们的情感，无论是骄傲还是羞耻。当别人心情低落时，我们会说"抬起下颌"。士兵们会骄傲地昂着下颌向国旗敬礼。简而言之，下颌可以充分反映我们的内心状态，无论我们是自信、恐惧、烦恼还是情绪低落。

182 抬高下颌

当下颌向上抬起时，它传达了自信——所以"抬高下颌"（chin up）往往意味着"振作起来"。在某些欧洲国家中（德国、法国、俄罗斯和意大利等），如果下颌抬得比平时高，通常表示自信、骄傲，但在某些情况下也表示傲慢。

183 下颌下垂

有人在回应问题时，下颌会突然下垂，这很可能代表他缺乏信心或感觉到了威胁。这条线索在某些人身上非常准确，他们在听到坏消息或想到痛苦、负面的事情时，下颌真的就会下垂。

184 下颌后缩

当我们感到担心或焦虑时，会本能地将下颌尽量缩向脖子——这是自我保护的一种方式，也是考量不安全感、怀疑甚至恐惧的明确指征。如果一个人在被问问题后出现这种行为，说明他遇到了严重的、未能解决的难题。当孩子们被问及他们不应该做的事情时，他们通常会下颌后缩表示忏悔，许多成年人也有同样的反应。

185 藏起下颌

当孩子想要掩饰自己的尴尬、表达对别人的不满，或者表明自己正心烦意乱时，通常会做这个动作。他们把下颌收起来，经常还会同时交叉双臂，然后拒绝抬起下颌。成年男性在面对面对峙、发生冲突前或大喊大叫时，也会藏起下颌，这样一旦发生暴力冲突，就可以保护自己的颈部。

186 下颌往下，并且双肩下垂

这是为人父母者经常见到的一幕——当孩子低下或试图隐藏他们的下颌，肩膀下垂，就是在说："我不要！"如果双臂还交叉了起来，那么孩子就是在说："我肯定不要！"

187 碰触下颌

当我们思考或评估某事时，会触摸自己的下颌，这个动作通常是用指尖完成的。此动作并不一定表示内心怀疑，因此在分析指征时需要注意。如果再加上其他行为，比如噘嘴，表明这个人正在考虑一些消极的事情，或者是对已经讨论过的事情另有想法。

188 用手背摩挲下颌

在许多文化中，这表示一个人对听到的话有所怀疑。这个动作也可能伴随着噘嘴。另外，此动作可以是从下颌的一侧摩挲到另一侧，也可以是从后面摩挲到前面。

189 托下颌

把下颌放在手掌上托住，同时面部肌肉放松，这个动作通常表示无聊。但在和法务相关的情境下，这则可能意味着其他可能，具体含义需要视情况而定。在法院，我曾见过罪犯独自坐在房间时摆出这个姿势，此时，这个动作充当了一种感知管理的形式，让旁人认为他们是如此无辜，以至于他们待在这里都感到了无聊。

190 愤怒地托下颌

将下颌放在拳头的指关节上，肘部张开，放在桌子上，眼睛盯着远处或电脑屏幕。由于做出此动作的人通常都在面对难题或正处于愤怒状态，他们的额头会皱起，眼睛会变窄或眯起。当你看到有人摆出这样的姿势时，明智的做法是不去打扰。

(191) 移动下颌

把下颌靠在手掌上，从左到右地换手，是在潜意识地将自己不同意的念头进行传递。我曾见过有人围坐在会议室的桌子旁，用手掌托着自己的下颌，一会儿换到左手，一会儿又换到右手，以此来表达他们无声的不满。

(192) 摸胡子

抚摸胡子或胡须可以非常有效地缓解压力。有些留胡子的人会难以自控地这样做，所以对于任何重复性的行为，如果你总是看到它，那么就可以忽略不计。但是，如果你看到动作突然出现，或者在提到某个话题后它出现的频率增加了，做动作的人就可能存在问题。此外，文化背景也需要考虑在内，许多中东男人在聊天时就经常抚摸胡须。另外，许多留胡子的男人发现，在打发时间时抚摸自己的胡子会带来舒适感。

193 皱起下颌

当人们感到压力大、情绪动荡或想要哭泣时，他们的下颌会起皱凹陷，即使是最坚韧的人也不例外。

194 下颌颤抖

下颌肌肉突然颤抖表示内心害怕、担心、焦虑或忧虑，快要哭出来的人也会这样。大卫·吉文斯博士认为，颏肌（mentalis muscle）覆盖在下颌上，能促使皮肤颤抖，是最能反映我们情绪的肌肉之一。有时候，下颌甚至会比眼睛更早反映出情绪的波动。

195 下颌指向肩膀

我们经常在遭遇尴尬或情感脆弱的人身上看到这个动作。他们会以一种非常孩子气的方式，把下颌靠在自己的一个肩膀上，看起来很乖巧。当看到有人在答话时这样做，你就要格外注意了，这通常意味着这个人会很难开展某个话题，也许是因为她有着不想透露的想法。

196 用下颌指方向

在许多文化背景下，人们会用下颌指向一个方向，当他们伸展脖子时，下颌会向前伸。在加勒比地区、拉丁美洲、西班牙部分地区和中东，以及许多美洲原住民保留地，都可以看到这种用下颌代替手指去指方向的姿势。

NO.11 第十一章

脸 部

虽然我已经讲解过了面部的各个部位，但有些行为还是要在整体面部上综合理解才能得出最佳答案。因为进化，人类可以从面部收集到大量信息，其中眼睛和嘴巴尤其能吸引我们的注意力。通常，当我们看着喜欢的人时，我们的目光会在对方的眼睛和嘴巴之间切换，因为这两者能透露出太多的信息。母亲和婴儿一遍又一遍地打量着对方，是想从对方身上留下印记，并收集信息，建立起联系——这一点不亚于情侣在咖啡馆里含情脉脉地看着对方。我们很自然地就能被面孔吸引——人们花了数百万字来描述蒙娜丽莎那张著名的面孔，就是因为她如此神秘。我们天生对面孔好奇，当我们看到它的特别之处时，我们就会被吸引。面部传达着情感、思想和感觉，因此在我们的一生中，我们不断地从面部寻找线索。当希腊人说为了一张脸"出动了一千艘船"时，这既是隐喻，也很可能是真的——这就是面孔的力量。

197 回避的脸

出于各种各样的原因，即使就在彼此的身边，我们有时也会尽量避免与对方进行面对面的接触。在法庭上，受害者和嫌疑人之间，或者是在有争议的离婚诉讼中，都会看到这种避而不见的情况。举止骤然改变，目光看向的地方，眼神是否变得僵硬、死板、不再东瞅西瞧，这些都是回避的明显标志。

198 挡住脸

做这个动作的人会把肘部放在桌子上，双手交握挡在自己的脸前。即使被提问时，他们也不会把手放下来，而是会看向自己的手，或者直接对着手回答问题。这是由于压力、缺乏自信，或者是不喜欢与自己交谈的人，他们实质上是在与自己隔绝。手是一种心理屏障。不愿露出自己的脸，往往是一个强烈的指征，表明存在着问题。

199 捂住脸

在世界各地，人们如果用手捂住脸，或者用其他东西遮住脸，这通常是由于羞耻、尴尬、恐惧、焦虑或担心。通常，当被捕的人被带到等候的警车上时，他们会用衣服遮住脸。

200 脸两边情绪不对称

最近有研究表明，脸在同时表达多种情绪方面具有非凡的能力。它可以在冷笑和蔑视的同时，还绽放出社交的微笑。这可能是内心多重情绪互相较量的证据，这些情绪会"泄露"到脸上。根据我的观察，左脸（当你看向对方的时候就是右半边脸）往往更能真实体现内心的情绪，尤其是在涉及负面情绪的时候。这种在脸的不同部分表现出不同情绪的能力，被称为"情绪手性"（emotional chirality）。

201 脸部不一致

一个人说话的内容和脸上的表情并不一致，这种情况并不罕见。人们可能会嘴上说着一件事，脸部却在传达另一种信息。人们在寒暄的过程中，一个人尽管不得不说些客套话或礼貌地打招呼，但是，一张显露出紧张或不喜欢、不舒服的脸总是能透露出真实的感情。

⌕202 人群中特殊的脸

多年来，在与美国特勤局（United States Secret Service）的各类保护项目进行细节交涉时，以及和各种私营公司打交道的过程中，我了解到，对于人群中那些明显特殊的面孔，我们往往要相信自己的直觉。具体含义是，当其他人都很高兴的时候，有一个人看起来却很生气，或者当其他人表现出丰富的情绪，他看起来却很呆滞。航空公司的工作人员告诉我，乘客在机场排大队时，往往是其中那张古怪的、情绪激动的脸，或是那张与他人格格不入的脸，这种人会在柜台处制造更多的麻烦。

⌕203 动荡中的平静

动荡中的平静，也叫"自恋式平静"（narcissistic serenity），是指在根本不应该平静的情况下，脸上却有一种不寻常的、不协调的平静表情。李·哈维·奥斯瓦尔德（肯尼迪遇刺案主凶）、蒂莫西·麦克维（制造俄克拉何马爆炸案的顽凶）、伯纳德·麦道夫（美国最大庞氏骗局炮制者）在被逮捕时都有着同样奇怪的平静表情，尽管他们所处的环境和他们的个人罪行都十分令人恐怖。

204 不合时宜的冷笑（"欺骗的快感"）

"欺骗的快感"（duping delight）这个词，是由著名肢体语言研究者保罗·艾克曼创造的，指的是一个人在逃脱惩罚时流露出的不合时宜的假笑或似笑非笑。这与"动荡中的平静"（见203）非常相似。"欺骗的快感"也见于那些以智取胜的人，或者认为别人相信了自己谎言的人。这是一种装腔作势的微笑，发生在本该谦卑、严肃，甚至懊悔才更合适的时间与地点。

205 摸脸

触摸脸部有多种目的。它可以吸引别人——我们经常在杂志封面上看到模特触摸自己的脸。或者它可以通过刺激脸上无数的神经来帮助我们放松。无论如何，动作发生的情境才是判断的关键。

FBI

NO.12 第十二章

颈脖

颈部是我们身体最脆弱也最易受伤的部位。所有对我们存活至关重要的物质——血液、食物、水、电子信号、激素、空气——都要经过我们的颈部。颈部由众多错综复杂的肌肉组成，支撑着我们的头部，中空的颈椎保护着脊髓，大的静脉和动脉为大脑提供营养，颈部显然是非常重要的部位。然而，当涉及非语言交流时，颈部经常被忽视，尽管我们知道，当自己感到舒适、感兴趣或接受了一个想法或一个人时，我们的颈部就会发出信号。我们摸着脖子、捂着脖子或给脖子通风，还有一些其他的行为，都可以向外界透漏出自己内心的感受和想法。颈部对最轻微的触摸、爱抚甚至是呼吸的温暖都很敏感，是身体最敏感的区域之一。

206　触碰脖子

除搔痒以外,摸脖子是不安、忧虑、焦虑、担心或出现问题的一个明显指征。当有事情困扰我们或我们正在担心时,无论程度多么轻微,我们都会无意识触摸自己的脖子。各种形式的颈部触摸经常被人忽视,然而,当涉及揭示困扰我们的事情时,这是最准确的线索之一。

207　遮住颈窝

触摸或遮掩"颈窝"或"胸骨上切迹"(suprasternal notch,喉结下方、上胸部上方的凹陷区域),代表担忧、疑虑、不安或恐惧。男性在调整领带或抓住衣领时,往往会用力抓住脖子或喉咙,或者用整只手捂住这一区域。女性会比男性更频繁地触碰这个区域,而且往往是用指尖轻轻触碰。无论动作做得轻微还是强烈,人只要试图覆盖身体这个最薄弱的部位,就意味着有问题。当我们感觉受到威胁时,我们会遮住脖子,这很可能是我们人类无数次遭遇大型猫科动物咬破脖子动脉捕食的结果。要了解更多信息,请参阅《FBI 教你读心术》。

(208) 触摸领结

领结覆盖着胸骨上切迹和颈部，因此触摸它能起到保护颈部和缓解焦虑的作用。当男性感到社交尴尬或轻微焦虑时，他们常会这样做。有些男人会反复做这个动作，作为一种安抚行为，就像女人在压力大的时候会玩项链一样(见 209)。

(209) 把玩项链

对女性来说，把弄项链和用手捂住颈窝的作用是一样的。它可以保护自己脆弱的部位，并通过重复的动作来缓解压力。

(210) 把玩衣领

触摸或把玩衬衫的前领可以起到安抚或缓解压力的作用，具体方法有三：用衣领覆盖颈部区域；重复把玩衣领；通过把玩衣领让衣服下面的皮肤通风。

(211) 颈部按摩

人们经常按摩颈部两侧或颈部后部来缓解压力。很多人会轻易忽视这种行为。事实上，人们通常只在有在被某事困扰时才会这样做。

(212) 按摩迷走神经

迷走神经（vagus nerve，vagus 是拉丁语“徘徊”的意思）连接包括大脑和心脏在内的主要器官。当我们感到压力时，可能会发现自己正按摩着脖子的一侧靠近脉搏的地方。这样做是有理由的：对迷走神经的刺激会导致乙酰胆碱（acetylcholine）的释放，这是一种神经递质，它反过来向心脏、特别是房室结（atrioventricular node）发送信号，从而导致心率下降。

(213) 拉扯皮肤

拉扯下颌下方的皮肤区域，可以让一些男性感到平静，这动作在女性身上很少见。有时，在巨大的压力下，拉扯的力度也会变大。我见过一些人在压力下猛烈拉扯此处皮肤，以至于皮肤都变白了。

214 给颈部透气

当我们处于压力之下时，我们的皮肤会变热，这是一种由自主神经系统控制的生理反应，我们几乎无法干预。这个现象通常发生在不到 1/250 秒的时间内。通过给衣领和颈部通风，我们可以减轻因皮肤发红发热而引起的不适。激烈的争论甚至单纯的探讨都会让处于压力下的人喘不过气，当听到一句伤人的话或评论时也会如此。对已故喜剧演员罗德尼·丹泽菲尔德[出演 1980 年电影《球屋》（*Caddyshack*）]熟悉的人会记得，他在电影中和脱口秀节目中感到没有得到尊重时，尤其是当他感到压力的时候，就会做这样的事情。

215 在颈部前方握拳

把拳头放在脖子的前面，和盖住颈窝的作用是一样的。它是对威胁、恐惧或担忧的一种自动的、潜意识的反应。这种行为主要发生在男性身上，但我也见过一些女性在极度压力下或面对极端负面的情况时有此行为。许多人误以为拳头是力量的象征，而在这种情况下，它实际上是防御、焦虑和厌恶的象征。

216 颈部血管跳动

明显的颈部血管跳动，代表压力或焦虑。有些人在害怕或生气时血管跳得尤其明显。

217 吞咽困难

用力吞咽会发出非常明显的声音，时常被人听到。这是对令人厌恶、危险的或极度紧张的情况的自发反应，也是痛苦的可靠指征。喉部周围的肌肉和韧带收紧，导致喉结上下剧烈运动。

218 伸展颈部

将颈部做圆周运动，是一种缓解和安抚压力的行为。当人们被问到他们不想回答的难题时，这种情况经常出现。

219 颈部和面部涨红／发红

颈部和面部涨红是对刺激的自主反应，无法人为控制。许多人在感到威胁或缺乏安全感时会脸红，在极少数情况下，当人们撒谎或做违法之事被识破时也会脸红。这种行为能让我们意识到对方正受到困扰，无论是单纯的尴尬还是更恶劣的情况。记住，某些药物或食物也会导致脸红。

220 喉结振动

如果某人的喉结突然跳动，很可能他听到了让他不安、忧虑或感到威胁的消息。当一个人感到非常脆弱或面临危险时，也会出现这种无法自控的反应。喉结的医学术语是喉突（laryngeal prominence），喉头（喉的一部分，支撑声带）周围的甲状软骨使它呈凸出的形状。男性喉结通常比女性大，这个部位对情绪的压力非常敏感。

221 露出颈部

把头歪向一边，露出脖子的一侧，是一种十分常用却不为人察觉的肢体语言。当我们抱着或者仅是看着一个新生儿时，我们会本能地歪着头——随着时间的推移，孩子会辨识这一点，并报以微笑和放松的脸。随着年龄的增长，我们会在求爱行为中呈现出头部倾斜的动作，当我们凝视爱人的眼睛时，我们的头会偏向一边，露出我们脆弱的颈部。在私人和职业场景中，这种行为表明了一个人在专心倾听且很感兴趣。这是一种明显能让对方卸下防备的行为，在对抗中往往非常奏效。如果再配合上微笑，会成为赢得他人好感的最有效方法之一。

222 颈部变僵硬

当人们注意力集中、很接受一件事时，尤其是当他们感到舒适时，会将脖子向一侧倾斜，露出比平时更多的颈部。然而，如果舒适感消失，他们的脖子很快就会变得僵硬。脖子僵硬意味着高度警觉，可能表明一个人对刚刚谈论的事有异议，或者有严肃的话题要讨论。当一个人的脖子从放松状态迅速切换到僵硬状态，证明肯定出了问题。

223 耸起一边肩膀

当一个人回答问题时，一边的肩膀如果朝耳朵方向耸起，通常表示不安或怀疑。如果再加上其他行为（比如回答时犹豫，手臂靠近身体等），能很好地表明这个人对自己所说的话缺乏信心。在谈判中，当一方对诸如"这是你们最优惠的价格吗？"这样的提问做出此动作，通常表明还有讨论的余地。在回答问题时单肩向上耸，表明对所说内容无法给出充分的承诺。

224 感兴趣的肩膀

缓慢地、有意地抬起一边的肩膀，同时头部向同侧肩膀倾斜，并且进行目光的直接接触，表示对对方很感兴趣。我们通常会在约会时看到这种情况，而且大多是在女性注视着自己的心仪之人时。

225 双肩高耸

当人们向着耳朵抬高自己的双肩时，他们可能是感到了不安或怀疑。这种行为被称为"海龟效应"（turtle effect）。从本质上讲，这代表一个人试图在公开场合隐藏自己，而并非自信的象征。当演讲者向一大群人或准备不足的学生询问是否有人愿意帮忙时，经常会出现这个动作。

226 快速耸肩

当被问及一个自己不知道答案的问题时，人们通常会迅速而明显地抬起双肩。快速向上移动是一种对抗重力的行为，这通常与积极的情绪有关，然而在此动作中，代表他们是真的不知道。比起在说出"我不知道"时缓慢地耸耸肩或只是犹豫地耸肩而不说话，快速耸肩显然更加诚恳。

227 越坐越低

在会议中，有人在椅子上的位置越来越低，这表明他们担忧或缺乏自信。就像海龟效应一样，这是一种希望自己隐藏在公开场合的方式——它们想要不被发现。但要注意的是，对一些人而言，这可能只代表自己对话题漠不关心或不感兴趣。这种行为通常难以隐藏，因为在桌子的参照下他们肩膀的位置比较低。

228 搓揉肩膀／锁骨

在节奏紧张或压力很大的面试中，面试者会把手伸过胸前，压在自己另一侧的肩膀上，然后再慢慢地经过锁骨向胸部移动。有时候，手会悬停压在胸部区域，或者将这个过程进行重复。这种行为带来的触觉和重复性，有助于缓解压力或忧虑。

229 挺肩

肩膀从放松到挺拔的过程，是一种权威和自信的体现，表明一个人手握权力。我们经常在运动员和军人身上看到这个动作。而且，这也说明了为什么西装的肩部要有垫肩——会让穿着者看起来更有权力和威严。

230 手掌朝上抬肩膀，头部倾斜

这是"拜托了，好吗？"的意思，做这个动作时手掌向上，头向一侧倾斜，单肩或双肩耸起。这是一种恳求意味的行为，孩子们和成年人通常都会这样做，当运动员觉得裁判判罚对自己不利，希望对方重新考虑时，你常会看到他们有此动作。

231 鞠躬

上半身和肩膀的轻微前倾，可能是有意的，也可能是潜意识的。在世界范围内，人们会在比自己更高的权威面前以不同方式做此动作。在亚洲，人们出于尊重会鞠躬，就像英国女王的臣民在伦敦所做的那样。鞠躬与我们身为灵长类动物的遗传因素有很大关系，在灵长类动物中，每个个体都会向雄性领袖屈膝，在人类的例子中，我们则向权威更高的人屈膝。当征服者到达新大陆时，他们发现印第安人也向他们的国王鞠躬或磕头，就像他们自己在伊莎贝拉女王的宫廷里所做的那样，这证明了这个动作的普遍性。

FBI

NO.13 第十三章

手臂

我们的手臂不仅保护我们，帮我们保持平衡，帮我们拿东西，还能很好地进行非语言交流。从我们感到压力时的自我拥抱，到刚刚夺冠的人举起的手臂，再到孩子伸出的渴望拥抱的手，我们的手臂不断地帮助我们、温暖我们，为我们照顾他人，并传达出我们的需求和感受——其内容远远超出我们所想到的。

232 拥抱

无论以何种形式，拥抱都是亲密、温暖、合作以及其他美好感情的象征。虽然在某些文化中，短暂的社交性拥抱(如拉丁美洲的拥抱 abrazo)被视为一种类似握手的问候，但它的具体表现方式依然可以表明双方对彼此的感觉。想想美国那些运动员或电影明星之间的拥抱吧。作为一位观察者，我总是能注意到拥抱这个动作和面部的表情，这些可靠地反映出了拥抱的两个人对彼此的真实感受。

233 活泼的手势

活泼的手势能反映我们的情绪，也能让我们受到关注。当我们说话时，大幅度的手势是强有力的表现，对动态交流的效果有很大影响。在许多文化中，都需要用夸张的手势来表示强调。尽管在外人看来，人们做出这样的手势看起来像是要打架，而实际上讲话者只是在强调。

234 说话时的手势

我经常被问到"我们为什么要打手势"？手势被认为

是交流的一个组成部分。手势帮助我们获得并保持别人的关注，并突出讲话重点。手势还可以让人的表达更加灵活，甚至可以帮助人们回忆起词句，使讲话者受益。手势会影响我们的信息被人接收的方式，以及别人能记住多少信息。当用手势配合信息时，信息的传递效果会更好。我们讲话时，会希望别人看到我们的手势。如果你看一下优秀的 TED(Technology, Entertainment, Design 的缩写，即技术、娱乐、设计。TED 是世界著名的演讲大会，旨在传播值得分享的创意。) 演讲，你会注意到手势是一个必不可少的元素，最棒的演讲者都很擅长用手势。

235 手臂紧贴身体，手向前弯

这通常被称为"克制的兴高采烈"。当人们对自己感到满意，但又尽量不表现出来时，他们可能会用手臂抵住身体，然后在手腕处向前举起双手，这样手腕几乎成 90 度角，手掌朝下。当人们试图控制自己的兴奋，不想被他人注意到时，也会发生这种情况。这种行为可能伴随着耸肩，当然，还有面部喜悦的表情。

236 摆出欢欣／胜利的姿态

表示兴奋或胜利的动作，往往是违背地心引力的——换句话说，这个手势是向上或向外做出的，远离身体。有时我们真的会从座位上跳起来，伸出手臂，张开手指。积极的情绪驱使人们做出对抗地心引力的动作，所以在世界各地的体育赛事上，胜利的场面往往是相似的：双臂高举。

237 手臂放在背后

将手臂和手放在背后，是一种帝王式的姿态。伊丽莎白女王等英国王室成员在希望和其他人保持一定距离时，经常会这样做。对普通人来说，这同样也是希望别人给我们一定空间的信号。这不是一个让他人亲近自己的好方法，因为我们倾向于将这种行为与冷漠联系起来。有趣的是，小孩子也不喜欢父母将自己的手藏在背后。

238 手臂僵硬

当人们被某件事吓到不知所措时，他们的手臂往往会变得僵硬。手臂靠在身体两侧，整个人看起来很不自然，甚至十分僵硬。僵硬的手臂是一个强烈的信号，表明刚刚发生了一些不好的事情。

239 露出腋窝

我们的手臂内侧，包括腋窝部位，只有在我们和别人相处舒适时才会展露出来。女性尤其会用这种行为（挠后脑勺，同时直接对着感兴趣的人露出腋窝）来吸引对方的注意，并表现出她的兴趣。相反，当我们暴露腋窝时，如果有人靠近我们，并且让我们感到不舒服，我们会立即遮住腋窝。

240 双臂交叉（自我拥抱）

自我拥抱是一种有效的自我安慰方式，经常出现在我们等待某人到来时、我们在公共场合看电影时，或者当我们需要一点自我安慰时。这就解释了为什么很多乘客在飞机上排队使用洗手间时会双臂交叉。人们抱臂有很多原因，以下是我听说的一些原因："这很舒服。""胳膊累的时候会很有用。""它能遮挡住我的胸部。""我觉得好奇的时候就这么做。""它能把肚子藏起来。"每个人都有一个很好的理由，大多数时候，这动作还给了他们安慰。有很多人错误地把双臂交叉等同于让别人离自己更远点，但实际情况通常并非如此。

241 双臂交叉（保护）

在某些情况下，交叉手臂是一种保护的手段，而不是安慰的方式。当我们感到不安全或受到威胁时，我们可能会下意识地保护我们脆弱的腹部。在这种情况下，我们会看到手臂更紧绷，脸上也会表露出心理的不适。

242 双臂交叉（自我克制）

当人们心烦意乱的时候，他们可能会交叉双臂来控制自己。想象一个在机场柜台因为机票超售而被要求让出机位的旅客吧。自我拥抱(见240)是在压力很小的情况下完成的，而此动作则有助于在情绪失控时真正地抑制手臂。请注意，这种自我约束的行为通常还伴随着带有敌意的表情。

243 双臂交叉（不喜欢）

在不喜欢的人面前，我们可能会把手臂放在肚子上，试图与那个人保持距离或实现隔离。通常，当我们看到令人反感的人时，就会出现这种行为，这也是辨识此动作的重要线索，它能非常准确地表达我们的厌恶。结合其他信号，比如严肃的脸和过分扭动的脚，此动作可以与自我拥抱行为相区别。

244 双臂交叉（按摩）

对很多人来说，双臂交叉在胸前会让自己很舒服。然而，如果一个人用手按摩另一侧的肩膀或手臂，则表明这个人感到了压力或担忧。当一个人坐在桌子旁，肘部放在桌子表面时，最可能发生这种情况，不过，我也看到过坐在椅子上的人这样做，这也是一种自我拥抱，人们会同时按摩自己的另一侧手臂，以缓解压力或担忧。

245 双臂交叉，握住手腕

当在法庭上面对不利的信息时，被询问人会在坐着时突然将手经过腹部，去握住另一只手的手腕。在一个人被问到一个难题或被指控某事时，你可以立即看到此信号。人们还观察到，扑克玩家在手里的牌很烂时也会有此表现。

246 摊开手臂

将双臂摊开在几张椅子或沙发上的人，是在通过"领地"来展示自信。高级管理人员比初级员工更常出现这个动作，证据在于观察当一个地位更高的人经过时，这个人是否会把手臂缩回身体两侧。

247 摊开手肘

当人们变得强壮和自信时，他们会逐渐占据更多的空间，把胳膊肘摊开在桌子上。这往往是潜意识的，他们通常没有意识到这是在宣传自己的自信。

248 缩起手肘

当我们把胳膊放在桌子上坐着时，一旦感到不安全或受到威胁，就会缩小肘部之间的距离。当我们评估人们在面对不同话题时的信心和可信度时，可以用这个指征作为参考。

249 叉腰

每次我们想要强调自己所说的话时，就会将手放在臀部，手臂叉腰，并让肘部弯曲（就像蝴蝶拍打翅膀一样）。这是一种领地的展示，也是一种自信的表现。我见过很多高级经理、教练和军官在强调某一点时，会做出弯曲肘部的动作。

250 勾手肘

在世界上的许多地方，人们如果在私人谈话中把胳膊放在另一个人的手肘上，表明自己和这个人很亲近，无论他们是正在走路还是坐着。这种行为使双方臀部靠近，表明事情进展得顺利。在地中海国家或南美洲，男人和男人、女人和女人手挽着手散步是很常见的事。

251 手腕的动作

我们可能并不认为手腕会是心灵的窗口,但它们确实可以是。当我们喜欢别人或者和对方在一起感到舒服时,我们会把手腕的内侧露出来。拿着饮料或香烟的女人,如果对附近的人感兴趣或觉得舒服,就会把手腕内侧露出来,一旦对方不在,她则会旋转手腕,只露出手腕的外面。我们的边缘系统通过引导我们最敏感的区域——手腕、颈部和腹部——远离那些我们不喜欢或会带来威胁感的事物,以此来保护我们。

252 鸡皮疙瘩

这是一种对寒冷甚至恐惧的无意识反应,通常出现在手臂和腿部。鸡皮疙瘩的形成会导致皮肤表面的毛发竖立起来,这就是为什么它的医学术语是"立毛"(horripilation)或"竖毛"(piloerection)(见253)。在灵长类动物中,当它们感到害怕时,这种表现更加明显,因为它们的毛发竖起来后,会使它们看起来体型更大。但是人类已经失去了大部分的毛发,所以我们只能通过鸡皮疙瘩看到残余的毛发立起。

253 汗毛竖立（竖毛）

手臂、躯干或颈后的毛发有时候会明显竖起来。从进化的角度看，这被认为是我们与灵长类动物共同的一种退化反应（vestigial response），以便让我们在恐惧或惊骇时，看起来更庞大。当我们下意识地认为一个人、一个地方或一种情况具有潜在的危险时，我们脖子后面的汗毛就会竖起来——当你出现了这种感觉时，请留意。加文·德·贝克尔在他的著作《恐惧给你的礼物》（The Gift of Fear）中指出，这些潜意识里的不良情绪或危险情绪不应被忽视。

254 过度流汗

压力下的人可能会突然大量出汗，因为他们的身体试图通过蒸发水分来通风。许多毒贩之所以在边境被拦下，就因为他是唯一一个腋窝上有汗圈的人，当他把车停在海关官员面前时，他的脖子还湿漉漉的。出汗过多可能表明一个人在隐瞒什么或即将犯罪，但这只是一个提醒的信号，并不意味着每个出汗的人都是有罪的。

255 自伤

患有边缘型人格障碍的人，以及其他情绪不稳定或抑郁的人，可能会在身体上留下因自己故意割伤、凿伤或烧伤而形成的疤痕。识别出人身上的这些迹象，是帮助他们的关键。他们可能不会自己寻求帮助，但他们会通过自残这种非语言方式来表达自己对心理健康的需求。

256 针孔

使用海洛因与其他静脉注射药物的人，手臂内侧沿着静脉的地方会留有针孔，这在长期滥用药物或毒品者的身上尤其明显。

FBI

NO.14 第十四章

手与手指

人类的手是独一无二的。它可以拿着柳叶刀进行精密的手术，也可以拿着画笔在西斯廷教堂的天花板上作画。人类的双手能温柔地拥抱新生儿，也能轻松地挥起斧头，用足够的力量砍倒一棵树。我们的双手在工作、娱乐和防护中不可或缺，我们每天都依靠它们与周围的世界互动。我们也用它们来进行有效的沟通——无论是示意学校旁路口的车辆停车，还是指挥管弦乐队，或是向朋友打信号让他们快点过来。我们的手不断地向别人传达着我们的激情、我们的欲望、我们的能力、我们的关切，以及最重要的，我们通过最温柔的触摸，传达出我们的爱。

257 手的状况

从一个人的手可以读出很多信息。外观是否整洁，是否有疤痕和老茧，可以表明这个人从事的是何种工作，办公室职员和水泥搅拌工的手看起来大为不同。而且，关节炎和神经系统疾病有时也可以从手的状况以及手指的运动或躁动中辨别出来。

258 手部保养

洁净的手是一个人健康的标志。干净的手指，长度适宜的指甲，都能表明此人懂得关爱自己。这与指甲脏或长、角质层不整洁或喜欢撕咬自己手指上的皮的人形成鲜明对比。在约会中，甚至在工作场所，我们经常能从一个人手的整洁或健康程度得出结论。

259 触碰的频率

我们触碰他人的频率，是传达我们对其感觉的有效途径。虽然在某种程度上说，触摸的程度与文化背景相关，但在大多数情况下，当我们关注对方时，会更加频繁地触摸他们。

260 触碰的方式

触碰可以是尊重的、有爱的、嬉闹的、感性的、拘谨的、温柔的、关心的或和缓的。轻轻触碰皮肤就能让我们脊背发颤，刺激性欲。事实上，轻触和重力触碰对大脑的刺激是不同的。一个满心爱意的人，会用整个手掌给予皮肤爱的抚摸，使皮肤表层的血液散发出温暖，这个动作也因此能给予新生儿或爱人很多信息。然而，当我们的老板用指尖轻拍我们的肩膀同时说出"干得好"时，我们却会起鸡皮疙瘩，因为这个手势很不对劲，我们知道它是做作而浮于表面的。

261 触碰和社会地位

在大多数文化中，我们可以触摸谁，以及如何触摸，都是由社会习俗决定的。在几乎所有的社会中，地位较高的人会更多去接触地位较低的人，而不是相反。在工作环境中，你更容易看到老板拍员工的肩膀，而不是员工拍老板。我们还必须意识到什么时候应该触碰，什么地方应该触碰（比如手臂或肘部），以及此动作是否能促进和对方的关系。

262 握手政治

这个词经常为政客们使用，具体表现为：握手、握紧手臂、拥抱、抱着或亲吻婴儿。握手可以成为政客们表现自己人性化、建立身体联系的机会。这种联系实际上是一种化学反应，因为当我们触摸他人时，会释放催产素(oxytocin，一种强大的激素，帮我们建立起社交纽带)。

263 双手叉腰，大拇指放在背后

当双手放在腰部，拇指向后，肘部向外时，这被称为手臂叉腰，这也是一种权势的展现。此动作表明这个人准备好了想要讨论某件事情，或者处理某个问题。航空公司的工作人员告诉我，如果有人在排队等候时这样做，基本可以认定他是在抱怨。这是一个非常具有专制感的造型。与孩子交谈时最好别用此动作，它会阻碍交流，让父母看起来像一个军训教官。

264 双手叉腰，大拇指放在身前

此动作更像是在展示自己的好奇。拇指的位置似乎是个小细节，但却十分重要。用这种姿势站着思考的人通常是看热闹的，而真正采取行动的人(警察、消防员等)则会拇指朝后。

265 宣示领域的手部动作

当一个人在桌子上摊开自己的手，此动作具有轻微的威胁意味。在退货柜台经常出现这一幕，愤怒的顾客在与销售代表争论时，手所占据的空间越来越大。随着情绪的增强，要留意双手分开的幅度是如何越来越大的。

266 推开桌子

突然用手臂推开桌子是一个非常明确的指征，表明这个人不同意对方所说或所讨论的内容，或者可能是他感到了威胁。动作的速度很重要：它发生得越快，证明担忧的情绪越强烈。

267 玩弄物品

玩弄珠宝首饰或其他物品(给手表上弦、拿笔敲桌、查看手机)可以起到安抚作用。你经常会在等待面试或打发时间的人身上看到这种行为。这与"替代触摸"不同(见291)。

268 放置物品

我们可能会在自己周围放置一些物体——无论是办公桌上的铅笔和纸,还是剧院椅子上的夹克——以此来建立我们的领地。放置物体也可以用来表明我们对某人不太感兴趣,或者是一段关系出现了问题。例如在餐馆里和对方相向而坐,当气氛很融洽时,我们倾向于把桌上遮挡视野的东西移开,以便更清楚地看到我们的同伴;而当出现问题和隔阂时,我们会在视线范围内放置鲜花或饮料瓶,作为横在桌子上的屏障。当一个人在说话的同时移动物体时,尤其能说明问题。

269 塔状手

手尖塔是通过将双手的指尖放在一起，展开手指，然后将双手拱起，使指尖看起来像教堂的尖塔。这在世界各地皆是一种自信的表现，经常被那些处于领导地位的人使用。德国总理安格拉·默克尔（Angela Merkel）以经常做此动作而闻名。然而，要注意的是，信心十足不代表一定正确。一个人可能在事实上是错的，但在说话时自信满满。然而，这仍是一种有用的姿态，可以让别人相信你的想法或所给出的承诺。

270 调整过的塔状手

调整后的塔状手，是通过交叉所有的手指来完成的，除了食指。食指是直立的，在指尖部位接触。它看起来比普通的塔状手更刻意；尽管如此，它仍然意味着信心和承诺。

271 手掌相向

这是指双手在腹部前，与腰齐平，双手分开约 36 厘米，手掌相对，手指分开。演讲者通常会在重要时刻这样做，以便吸引听众的注意力。这不同于手掌朝上的请求姿势(见272)；此动作中手掌是相向的，就好像这个人拿着一个沙滩球。这是一个很有效的姿态，可以让你在公开演讲中获得成功。

272 手掌向上

这一手势也被称为"请求的手势"，是一种表示谦卑、顺从或合作的常见手势，通常是那些想要被接受或被相信的人所使用的。手掌朝上是一种普遍的方式，意为"我的手很干净""这里没有隐藏任何东西""我恳求你"或者"我听你的命令"。它也被用于宗教仪式中，以示谦卑和虔诚。

273 手掌向下

比起手掌朝上的动作，手掌朝下更加能表示肯定。此动作可以在桌子上做，也可以象征性地在空中做。双臂距离越大，或者手掌向下拍得越狠，证明这个人越坚决。此动作也可视为一种肯定的声明，当说出"我没有做过"这类话的同时，手掌用力向下推桌子，往往具有更强的效果。

说谎者很难将此动作做到位，他们通常表现得过于被动。

274 手掌向下，手指张开

当一个人正式宣示，说出类似"我没有做这件事"的话，再辅以双手掌心向下坚定地拍在桌上，并且手指张开，这很可能证明其给出的答案为真。我从来都没见过说谎的人能成功做出这个动作，可能是因为头脑中负责思考的部分，并不能与负责情绪的部分同步。换句话说，他们知道该说的话——"我没有做这件事"——但因为脑部负责情绪的部分并没有全力运作，所以他们并不知道该如何表演此动作。

275 受限制的手

以阿德顿·维吉（Aldert Vrij）为代表的一些研究人员注意到，当人们撒谎时，他们往往会减少使用手和手臂。尽管它有可能只是表明害羞或不舒服，但依然可以作为一个强有力的行为指征，这就是为什么知道一个人的正常行为的底线是如此重要。无论如何，这是一种值得关注的行为。

276 扭绞双手

两只手相互搓动表示渴望、怀疑、焦虑或不安。压力的程度也会反映在双手紧握的程度上，手指或手上的红皮肤中的白色压痕明显，表明不适程度在升高。

277 握住的手指

当我们第一次见到别人，或者感到有点不安全的时候，我们倾向于把自己的手指轻轻地放在身前握住。这是一种通过触感进行的自我抚慰行为。哈里王子爱做这一举动是出了名的，但我们在耐心排队或和素未谋面的人说话时，也会这么做。

278 颤抖的双手

当我们兴奋或紧张时，我们的手可能会颤抖。当然，神经紊乱、疾病或药物也可能引起手部颤抖，但在大多数情况下，当一个人在其他方面看起来很健康时，我们就应该注意这一信号了。人们在压力大的时候可能会不慎碰倒酒杯之类的东西，手里的勺子也会颤抖。在发生事故或听到可怕的消息时，手指和手可能会不受控制地颤抖。

279 以双手作为定锚

这是一个代表我们占有某物的动作，以此向他人宣示主权。这个动作的对象也可能是其他人，比如当我们和喜欢的人说话时，我们的手就像锚一样靠近这个人，这样其他人就会远离这个人。这种情况在酒吧或派对上最常见——男人会绕着锚点打转，就像永远固定在锚点上一样，以确保别人不会来打扰。这是一种宣示领土的动作。

280 手伸到对方面前

这可能充当争论中最后的冲突爆点。将举起的手掌放在对方的脸前，示意对方停止，不要再往前走了，用通俗的说法就是"闭嘴"。这是一种非常有侮辱性的姿态，在友好的人际交往和商业行为中是不允许存在的。

281 边回答边触碰自己

注意那些在回答问题时用手自我安抚（任何手对身体

的触摸或抚摸）而非表示强调的人。多年来，我注意到这些人比那些在回答问题时用手势强化观点的人要不自信。

㉘㉒ 手指交叉（大拇指向上）

大拇指朝上，手指交叉，表示这个人很自信。通常，人们会把手放在膝盖上或桌子上；当他们正想要强调某一点时，大拇指会竖起来。这是一种可变化的行为，可根据当时的情绪以及对方对自己讲话的投入程度而改变。

㉘㉓ 手指交叉（大拇指向下）

拇指朝下，互相交叉的手指，往往表示对正在讨论的事情不太自信或情绪消极。当我们对自己说的话很有信心时，我们会下意识地竖起大拇指。正如之前所讲的，这是灵活可变的行为，一个人的拇指在谈话中可能会经历从上到下的变化，这取决于他们对话题的真实感受。

㉘㉔ 大拇指按摩

拇指按摩是一种温和的安抚方法。双手缠绕在一起，上面的拇指反复摩擦下面的拇指。我们通常会在人们等待某事发生时看到这个动作，也有人可能在说话时感到紧张或焦虑做这个动作。

285 转动拇指

摆弄我们的拇指是一种打发时间或处理小压力的方式。我们之所以重复此动作，是为了舒缓我们的大脑。

286 收拢手指

当我们感到担心、困惑、谦卑、害怕或无计可施时，我们会下意识地缩小手指之间的距离。在极端情况下，比如在我们非常担心时，我们会把手指卷起来，这样它们就不会凸显出来。在此动作中，我们大脑的边缘系统确保我们的手指在感到威胁时不会松动。

287 大拇指外移

当我们感到自信时，拇指会远离食指。当手放在桌子上时，尤其容易观察到这一点。事实上，拇指和食指的距离可以用来衡量一个人的自信程度，也可能表明一个人对自己所说的话的确定程度：距离越远，就越确定。

288 大拇指收拢

当我们感到不安全或感到威胁时，我们会下意识地收回拇指，把它们缩在其他手指的旁边或下面。突然做出此动作，意味着这个人很担心、不安或感到了威胁。这是一种生存本能，类似于狗在需要逃跑或战斗时会将耳朵垂下以使自己的体态更加流畅。

289 常见的展示大拇指

注意那些在抓住夹克领子或裤子吊带时竖起大拇指的人。我在法庭上经常看到律师有此动作。和其他竖起大拇指的动作一样，这通常意味着这个人对自己所做、所想或所说都很有信心。

290 大拇指向上的OK符号

在美国，这是一个非常积极的信号，表明一切都很好。

在某个阶段，它经常被用来表示要搭车。但请注意，在一些文化中，比如中东，竖起大拇指则是生殖器的象征，应该避免这类行为。

291 替代触碰

有时候，在恋爱初期，我们想和另一个人有更亲密的身体接触，但又觉得太早了，所以我们把这些欲念转移到一个物体上，比如我们可能会抚摸自己的手臂，或者反复用手在玻璃杯周围滑动。替代触碰是潜意识里的一种调情形式，也是一种减压方式，是我们渴望触摸的有效替代。

292 相互触碰

这里是指有人伸出手来触碰我们，而我们也用触碰回应对方。通常，这是环境和谐、与他人相处舒适的标志，所以当它没有得到回应时，则意味着产生了问题。在工作场合，当某人即将被降职或解雇时，主管人员会在宣布的前几天减少这类互动。在即将分手的人之间也会这样。

㉙ 抓住家具

如果人们在讲述时抓住椅子、桌子或讲台的边缘，他们是在传达内心的怀疑和不安全感。当人们签署一份他们不愿签署但又必须签署的合同时，我有时就会看到这种情况。作为一个观察者，你应该经常探究是怎样的不安全感驱使了这种行为。

㉙ 依附动作

当孩子们感到压力时，他们会抓起离自己最近的家人的衣服来寻求安慰。在没有父母或其他家人的情况下，他们也会抓住自己的衣服，就好像它是一条安全毯——本质上确实是。这种触觉体验可以有效抚慰心灵。成年人有时也会这样做，比如在准备面试或演讲时。著名男高音歌唱家卢西亚诺·帕瓦罗蒂在表演时手里总拿着一块手帕，他在采访中说，这给了他"安全感"和"慰藉"。

㉙ 用手加强重点

当我们感到舒适时，我们的手会自然地做出手势，强调自己的讲话重点。在某些文化中，尤其是地中海地区，人们更倾向于强调的手势，这些手势在语境中非常重要。杰出的演讲者也会经常做手势。研究人员证实，当人们突然开始撒谎时，他们的手势会减少，而且用来强调重点的行为也会更少。如果双手突然变得被动或克制，不管出于什么具体原因，这个人很可能是对自己所说的话没有信心。

296 比中指

心理学先驱保罗·艾克曼首先注意到，对他人怀有敌意的人会下意识地朝别人伸出"中指"（不雅的手指通常是中指或最长的手指，代表侮辱对方），或者用手指挠脸和身体，或者把眼镜推回原处。这是一种潜意识里的轻蔑。

297 手指着对方

几乎所有地方的人都不喜欢别人用手指着自己。如果你必须指向某人，特别是在专业或浪漫的场合，就要用整个手掌，手指并在一起，而不是单独一个手指。这也适用于指向物品时，比如当引导别人坐到椅子上时，也要用整个手而不是一个手指。

298 用手指戳

用手指戳别人的胸部或脸部，是一种极度敌视的行为，在出现问题时，有人会用此动作来挑衅某人。一旦在此动作中结合了实际的身体接触，它会变得更具威胁性。

299 用手指当指挥棒

此动作是用食指来保持讲话或音乐的节奏。当它出现在讲话中的一个要点之后时，它起到强调的作用。这种行为在地中海国家更为常见，有些人会因为当地人"摇"手指而生气，因为他们不明白这是一种文化特征，通常用来强调，而不一定代表着对抗。

300 双手作势往外推

我们通常在人们公开讲话时能看到这种情况。他们会双手举在身前，掌心朝向观众，象征性地把观众推开。当某人说"我知道你的感受"，而实际上是在做"推开"的手势时，这有一种潜意识的消极含义。

301 咬指甲

咬指甲或咬角质层是缓解紧张和焦虑的一种方式。这是一种担忧、缺乏信心或不安全感的表现。即使是从不咬指甲的人，也可能在承受极大压力时突然发现自己在咬指甲。这种行为可能会成为一种病态，造成皮肤损伤，甚至手指溃疡，破坏周围的角质层或其他健康组织。

302 用手指敲弹

就像其他的重复性行为一样，人用手指敲击桌子或腿来打发时间，可以起到舒缓情绪的作用。在专业场合，当人们等待别人出现或等待结束谈话时，常会看到这种情况，这是在说："来吧，让我们把事情推进。"这类似于敲弹脸颊（见 170）。

303 双手放进口袋

许多人在和别人说话时，会自然地把一只手或两只手放在口袋里。有时这动作会被认为太不正式，在某些文化中甚至被认为是粗鲁的。应该指出的是，有些人会误认为把手放进口袋里代表着可疑或欺骗。

304 按摩握拳的手

用一只手按摩正紧握着拳头的另一只手，是一种自我约束和安抚的行为。这通常意味着这个人正在挣扎或担忧，并且感觉到了大量潜在的紧张情绪。你会经常在扑克玩家和股票交易员身上看到这种情况，或者任何输赢结果能很快揭晓的地方。

305 握拳的讲话者

有时我们会看到演讲者在"强调重点"时握紧拳头。这并不罕见，特别是对于非常热情或具有表演性的演讲者来说。需要注意的是，有人在等待轮到自己的发言时，也会把手握成拳头，这通常表明有被压抑的问题、受限的能量，或预感到会出现某种身体反应。据说，西奥多·罗斯福作为一位行动派冒险家，他总是双手攥拳地坐着，好像在抑制环绕自己的能量。

306 双手摩擦掌心

用手指在手掌上摩擦是一种安抚。如果此动作不断重复或是力度增强时，表明内心承受着高度的焦虑和担忧。我们可以用指尖摩擦同一只手的手掌，也可以摩擦另一只手的手掌。

307 手指伸直交叉，相互摩擦

当人们感到担忧、压力、焦虑或恐惧时，可能会通过手指伸直交叉且相互摩擦来安抚自己。当手指来回移动时，交错的手指提供了更大的刺激面，从而缓解紧张情绪。这是一个相当明确的指征，表明某些状况非常糟糕或某人压力很大。这种行为通常是在事态非常严重的情况下出现。而在不那么严重的情况下，我们会把双手扭在一起，或者搓在一起，而不交叉手指。此动作的特别之处在于手指笔直且交错。

308 手指交叉，掌心向上或向下

这是对手指交叉动作的变形，在这个动作中，人们将

双手掌心向上，手指交叉，将双手向上拉向面部，双臂与肩膀形成一个尴尬的三角形，手肘向下，手掌向上弯曲。如果变形动作采取的是掌心朝下，那么手掌保持掌心向下，手指在胯部前面交叉，好像要掰指关节。这种手臂和手指的扭曲，是通过压迫手部的肌肉、关节和肌腱来缓解压力。我曾经见过一个撞坏了父母的车的少年，在等妈妈来接他时做出此动作。

309　掰指关节

无论具体形式如何，掰指关节都属于一种安抚行为。对一些人来说，掰指关节的行为似乎可以缓解紧张，所以当他们紧张、焦躁甚至无聊时，就会做此动作。人们可能会逐一去掰每个指关节，也可能同时掰一只手的所有手指。这种行为还会随着压力的增加而增强。

310　手指交叉，折手指关节

两只手的手指交叉，拇指朝下，然后把胳膊伸直，直至手指骨节发出喀喀的响声。和其他同样扭曲肢体的运动一样，此动作也传达出强烈的心理不适、紧张或焦虑感。

此动作包括两个安抚动作：手指的交叉和折叠。男性会更多使用这种方式。

③11 轻拍大腿侧边

当人们感到烦躁或不耐烦的时候，可能会用手掌拍打大腿侧边（裤袋附近）。我经常在宾馆里见到那些等候入住的客人这样做。这种触觉和重复性的运动，具有镇静和分散注意力的作用。

③12 整理外表

不只是鸟类会梳理自己的羽毛，人们整理自己外表的方法也有很多种：整理领带、整理手环、整理衬衣上的褶皱、整理头发、补口红、修眉毛。当我们非常在乎自己的外表能否达到理想状态时，我们就会开始打理自己的外表。梳理一下自己的头发，是我们在遇到感兴趣的人或事物时经常做的动作。此外，反复地梳头也是我们所热衷的。有意思的是，当陪审员们走进法庭时，律师会做出类似扯自己外套的动作（这是一种整理外表的举动），这样，对方就会自然而然地对他产生好感。

313 整理外表（轻蔑）

这是一种为了显示自己的轻蔑或不敬而故意修饰外貌的行为，它和我刚刚所说的含义完全相反。如果别人在和你讲话时，你挑弄自己的头发或身上的线头，或者清理自己的指甲，这都是对对方的不尊重，甚至可以将此动作视为一种蔑视。

314 双手放在大腿上，手肘外扩

双手放在腿上，手肘向外，通常表示高度自信。当人们交谈时，通过此动作的出现与消失，我们可以探察到一个人自信的高与低。肘部伸出的姿势是一种对领土的宣示。

315 屈起手指，弹指甲

通常，当人们紧张、焦虑或压力很大时，他们会卷起手指(通常发生在同一只手上)，用指甲轻弹拇指。他们可能会使用一个手指或多个手指去弹。这是一种自我安抚的方式，但对其他人来说，这既会让自己分神，也会制造噪音。

316 握手

握手是人们普遍受欢迎的问候方式，无论在工作场合还是个人场合都很适用。握手通常是人们彼此的第一次身体接触，也是给对方留下的第一印象，所以正确地握手很重要。想想你接受过多少次"糟糕的"握手(手太用力、太湿、太无力、时间太长)吧？一次糟糕的握手会在我们脑海中留下长时间的负面印象，使我们不愿意再和那个人握手。我们应该注意的是，握手的习俗并不是世界通用的，在某些文化中，鞠躬或亲吻脸颊可能更为合适。一次好的握手开始于良好的眼神交流，如果场合适合的话，可以配合一个适宜的微笑，然后手臂伸展，肘部轻微弯曲。手指朝下靠近另一个人的手，双方的手以同样的压力相扣(没人会对你能徒手压碎核桃的力道感到赞叹)，相互交握——这一步会促进荷尔蒙催产素的释放(拉近关系)——大约一秒钟后，双手松开。年纪大的人手部施加的压力会小一些，地位高的人则主导着握手的时间长短和施加的压力大小。

317 呈上握手

在某些文化中，尤其是在非洲部分地区，在向尊贵或重要的人表示致意时，会习惯性地伸出右手，并用左手托住右手前臂的下方。这只手实际上是伸着并被托住，就好像它是一件珍贵的物品，希望对方能接受它，并能尊重伸出手的人。在西方观察者看来，这一姿态乍一看可能有些奇怪，但这是一种传达尊重和被尊重的姿态，应该被接受。

318 印度式合掌打招呼

传统印度式的打招呼，是将双手放在胸前，掌心向内合起，指尖向上，手肘外扩，有时还伴随着轻微的鞠躬，或是带着微笑身体前倾。此动作是种正式的打招呼方式——它从某种意义上代替了握手——并且也能充当"再见"的意思。此动作比起西方的握手有着更深层次的含义，因此必须要心怀尊敬地对待。

319 牵手

牵手是人类与生俱来的一种倾向。我们可以看到，孩子们很早就会这样做了——先是和父母，后来和玩伴。在恋爱关系中，它的频率和形式(无论是握手还是更亲密、更刺激的手指交叉)都可以表达出这段关系的亲密或真挚。在世界上的一些地方，包括埃及、沙特阿拉伯和越南，经常能见到男人们在一起走路时手牵着手。

320 OK符号（表示确定）

当谈论某件非常可靠的事情时，说话者会把食指和拇指的指尖握在一起，围成一个圆圈，这是美国人所说的OK手势。这个手势在整个地中海地区都很常见，可以用来在谈话中强调某个特定的重点。在美国，我们也用这个手势表示同意或事情顺利、情况OK。但要的注意是，在一些国家，比如巴西，这个手势可能会被误读为暗示身体孔洞等粗俗的含义。

321 政客的大拇指

当政客们演讲时，他们经常会向听众伸出手臂，或者将手举在空中，同时用拇指抵住弯曲的食指，以此强调某个鲜明而有力的观点。从本质上说，这是一个经过改进后的精密握把。与其他国家相比,我们在美国会更常见到此动作,因此这是与文化息息相关的。比尔·克林顿和希拉里·克林顿、巴拉克·奥巴马以及加拿大总理贾斯汀·特鲁多都是公认的喜欢使用此动作,他们通常会在表达或强调某个特定观点时这样做。

322 摆弄婚戒

旋转或脱下、戴上结婚戒指,是一种重复的行为,人们有时会用它来消磨时间或让自己平静。此动作并非像一些人认为的那样是婚姻不幸的表现,这只是一种自我安抚的重复行为。

323 远离目标物

当我们对某事或某人产生了负面情绪时,我们经常会下意识地试图与其保持距离。正在节食的人,可能会在吃饭时把面包篮推到几英寸远的地方,如果他们不喜欢喝酒,甚至会要求把空酒杯从桌子上拿掉。我曾见过有罪犯拒绝碰监控照片,或者把它推到桌子的另一边,因为他在照片中已经认出了自己。这些都是值得注意的重要行为,它们表达了那个人此刻最强烈的想法。

324 拒绝用手掌碰触

父母如果总不愿意用手掌触摸孩子，这可能代表着出现了重大问题——无论是对孩子的冷漠，还是其他形式的异常心理距离。同理，当夫妻不再用手掌触摸对方而是只用指尖时，这段关系很可能出现了问题(见260)。

325 古怪的手臂与手部动作

有时我们会遇到一个人用胳膊和手做出不协调的动作。手臂和手可能与身体其他部位或周围环境不配套。在这种情况下，我们能做的最好的事情，就是认识到对方可能存在精神状况或障碍的困扰。认识和理解是我们在必要之时为别人提供援助的关键，而不是只像旁观者一样盯着看。

NO.15 第十五章

胸部、躯干与腹部

躯干是我们大部分重要器官的所在地,也是我们身体在正常情况下最大的部分,当我们受到威胁时,我们最先倾向去保护的就是这一区域。它是身体的广告牌,能提供线索(比如凭借我们的衣服),告诉别人我们是谁、属于哪个群体、以什么为生,甚至传达出我们的健康状况。当然,人体的许多重要器官——心脏和肺等——都位于躯干上。在非语言研究中,我们的躯干虽然很少被探究,但实际上,这里却是一个收集信息的上佳地点,从生活选择到个人感受全部可以囊括。

326　胸口明显起伏，快速呼吸

胸部明显起伏和呼吸急促，通常表示压力、忧愁、恐惧、担心或愤怒。除了环境这个重要因素外，这种行为还有很多原因，包括年龄、焦虑、近期的体力消耗甚至心脏病发作等。关键在于，要注意观察并准备好在必要时采取行动。

327　浅而急促的呼吸

呼吸浅而急促，通常表明害怕或焦虑，甚至可能是惊恐发作。可以通过观察一个人呼吸的深浅度，来判断其焦虑程度。呼吸越浅越快，痛苦程度越高。有效的措施是让他们长时间吸气，然后呼气，时间尽可能长（3～5秒），然后重复这一过程，这将有助于降低呼吸的频率。

328　按压胸口

人在紧张的情况下，会用拇指和中指（有时是所有手指）按压自己的胸部/隔膜区域，以此释放突然被激起的压力。靠近胸腔中心或腹腔神经丛（solar/celiac plexus）上有丰富的神经，因此自己对这里施加压力时，会通过按压起到安抚作用。力道可以很轻，也可以很重，这取决于个人的需要。在听到可怕的消息后，有人会按压自己的胸口，这是一种常见现象。

329 按摩锁骨

在压力下，人会按摩另一侧的锁骨（例如，将右手放在左锁骨上）。手臂横跨身体中心的动作，能提供一种保护感，而反复触摸锁骨则起到了安抚作用。身体的锁骨部位对触摸非常敏感，这也是它被认为是性敏感区域的原因之一。

330 重复用手刮胸口

手指像耙子一样来回且重复地按摩胸部上部区域，通常是不安全感、担忧或出现问题的明显指征。这种行为可以被视为焦虑甚至是恐慌即将发作的一个可靠信号。此动作的特别之处在于，它使用卷曲的手指来完成动作，就像爪子或耙子一样，而不是使用整个手掌。

331 手掌置于胸口

在许多文化中,当与他人见面时,人们会将手掌置于胸口上,做出表达真诚和善意的举动。在我的经验中,诚实的人和骗子都会做这个动作,因此我们应该将此动作视为中性动作。此动作不能等同于真诚,在调查中,如果有人说:"我没有做这件事。"同时将手放在胸口上,无论他表现得有多真诚,这个动作都不存在决定意义或价值。虽然如此,但以我多年的经验可以总结出,真诚的人按压的力道会比较大,指距张得更开,并且整个手掌贴在胸口,而那些试图欺骗他人的人,一般用指尖碰触胸口,并且力道不大。然而,任何单一的动作都不能作为欺骗的线索,这个动作也是如此。在对一个人做出真诚与否的结论前,此动作以及此动作在其他动作中的表现方式,仅做观察之用即可。

332 撩起衣物散热

拉起衬衫或其他衣服的前襟,可以使穿着者通风散热。不管你是把衬衫拉得远离脖子几秒钟,还是反复地抓着领口并拉开,这些行为都能缓解压力。这是一个很明确的迹象，表明有些地方出了问题。当然，在炎热的环境中，通风行为可能只是与温度有关，而不在于压力。但要记住的是，压力会使我们的体温升高，而且这个过程发生得很快，这就解释了为什么在一个进展困难或火药味十足的会议上，人们会当众给自己散热。请注意，女性拉拽的通常是衣服的前胸和肚脐中间部分。一个人在接受调查时，听到问题或回答问题后是否做出散热动作，是十分重要的。这意味着他们可能不喜欢这个问题。

㉝㉝ 摆弄拉链

身处紧张的情绪之下，摆弄运动外套和夹克上的拉链是种安抚自己的方式。学生如果对考试感到担忧，可能会在考前做此动作；扑克牌玩家出于对金钱损失的担忧，也会做出这个动作。请注意，这不仅是种安抚动作，也能排遣无聊。

㉞ 挪开身体

挪开身体是一种拉开距离的方式。如果身旁的人说出的话让我们反感，我们可能会巧妙地远离对方。在谈话节目中我们经常能看到这一幕。我们能注意到对方有多讨厌，但是很少意识到我们和他们的距离有多远。

335 移动身体向后仰

把椅子往后挪，让自己远离餐桌上的其他人，本质上是一种保持距离的行为，它给了我们额外的距离，这样我们就可以思考和沉思。那些心存疑虑或仍在思索某个观点的人通常会这样稍微移开，直到他们做好了加入大家的准备，他们才会再次坐回原位。对一些人来说，这是交流时的一种习惯，他想用几分钟的时间充分思考某个问题，这时可以结合他的面部表情来研判，假如他反对或反感正在讨论的话题，就会用身体后仰来表达自己的感受。

336 移动身体向前倾

当我们准备进行一场真诚的谈判或是向人妥协时，我们倾向于将后倾的姿势转变为前倾的姿势，这往往表明我们已经下定决心向前一步。如果是坐在一张狭窄的桌子旁，做此动作时必须小心，不能靠得太靠前，以免吓到谈判对手。如果是一个团队进行谈判，要确保每个人都是同样的坐姿，并且在将决议通知全体成员之前，不要让团队中有人采取前倾坐姿，以免泄露出妥协的愿望。

337 转身／腹侧拒绝

我们的腹部是身体上最脆弱的部位之一。当我们不喜欢某人、对其感到不安，或者是不喜欢对方所说的话时，我们会将自己的腹部移开，远离对方。面对自己不喜欢的人，即使你的面部表情维持着友好，但你的腹部会下意识地移开——这就是所谓的腹侧拒绝（ventral denial）——本质上是避免让脆弱的腹部暴露在不喜欢的人面前。这甚至可能发生在好朋友之间，比如某一方说了让人不愉快的话。辨识此动作的一句重要口诀是："肚子离开是想让你走；肚子不爱听你说话。"

338 腹部展示

当我们喜欢一个人的时候，我们会把腹部转向她。甚至在婴儿身上我们就已经能看到这种行为了。它传达出一个人兴致盎然并且感觉舒适。当我们坐着和某人见面时，如果我们喜欢这个人，随着时间的推移，我们会向此人展露出我们的肩膀和躯干。总而言之，我们通过展示腹部来表达对他人的兴趣。

339 盖起腹部

突然用皮包、书包等物品将肚子盖起来，意味着对于当下讨论的事情感到不安或不自在。当感受到威胁或觉得自己脆弱时，人们会使用所有东西以保护自己的腹部，从枕头（夫妻在家吵架时）到宠物，甚至是自己的膝盖。

340 姿势模仿（镜像）

遇到让我们感觉舒服的人，我们的躯干会倾向于与对方的姿势相呼应，这被称作拟态（isopraxis）。当人们和朋友站在一起时，很可能会发现自己在模仿对方放松的姿势，这是一个很明确的迹象，表明这种相处让人自在。在约会中，一个人身体前倾，如果对方感到舒服的话，很快也会模仿起这个动作。镜像代表双方在言谈、情绪或气质上具有一致性。

341 久坐不动

一个人很长时间僵硬地坐着不动，代表他正在承受压力。这是冻结反应的一部分，常见于司法调查环境、警方询问和诉说证词时，当人们非常害怕时，他们就无法移动。这种冻结反应来自潜意识中，仿佛刚刚遭遇了一头狮子。僵硬的坐姿并不是欺骗的表现，而是意味着心理不适。

342 弹射座椅效应

一个人在紧张的面试中或被指控某事时，可能会坐在椅子上，紧紧抓住扶手，就像准备从军用飞机上弹出一样。这也是冻结反应的一部分，表明深深的痛苦或感觉受到威胁。这种行为的特别之处在于，这些人看起来是如此僵硬，仿佛他们紧抓着的是自己的生命。

343 把椅子挪开

此动作表现了想要远离的心理，通常出现在身体已经远离但仍嫌不够的时候。从字面上看，这个人只是一点点把椅子移得越来越靠后或越来越远，好像没有人会注意到一样。我曾在一场激烈的学术讨论中，看到一位教授完全离开桌子，走到了房间靠近窗户的角落里——这举动看似并不奇怪，其动机是在潜意识层面上，通过远离感知到的威胁来保护自己的腹部，即使这威胁仅仅源自文字或想法。

344 身体懒散

懒散表示放松或冷漠，具体取决于当时情境。这是青少年在与父母打交道时常用的一种感知管理技巧，以此表明他们不在乎。但在任何正式的职业场合，都应该避免无精打采的姿态。

345 弯腰前倾

情绪混乱的人，在坐着或站着的时候可能会腰向前倾，好像在忍受肠道不适。通常，他们这样做的时候会把手臂贴在肚子上。在医院以及其他人们听到坏消息或让人震惊的消息的地方，我们会看到这种行为。

346 胎儿姿势

在极度的心理压力下,人可能会表现出胎儿似的姿势。这种情况有时会出现在夫妻的激烈争吵中,其中一方情绪激动,蜷起膝盖,以胎儿的姿势沉默地坐着,以应对压力。他还可能会拿一个靠枕或其他东西来支撑自己的肚子(见339)。

347 身体发冷

压力会使人在原本舒适的环境中感到寒冷。这是一种自主反应,当我们受到威胁、压力或焦虑时,血液会流向较大的肌肉,而不是皮肤,以此让我们做好逃跑或战斗的准备。

348 穿着

我们的躯干展示出了我们大部分的衣服,所以在这里重点要提到的,是衣服可以传达出信息,并能给穿着者带来益处。在很多文化中,服装通常是用来显示地位的。从品牌到颜色,衣服会影响人们对我们的看法。它可以让我们看起来更温和或更专制，还可以帮助我们取得自己想要达成的业绩。它能传达出我们来自哪里，甚至我们要去哪里，以及我们可能遇到的问题。在每一种文化中，服装都扮演着重要的角色。当我们评估个体，想解读他们传达出的关于自己的信息时，穿着是我们必须考虑的一件事。

349 怀孕时盖住肚子

当女性感到担心或不安全时，她们经常用手捂在颈窝或喉咙上。但是当她们怀孕时候，经常会举起手似乎要挪到脖子上，但很快又把手移到了肚子上，这是为了保护胎儿。

350 揉肚子

孕妇会经常反复揉自己的肚子来疏解内心的不适，这也是下意识地想保护胎儿。这是一种重复的触觉行为，可以起到安抚作用，一些研究人员认为，它甚至有助于将催产素释放到血液中。

NO.16 第十六章

臀部和生殖器

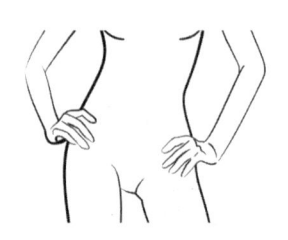

肢体语言指南必须包括从肚脐到双腿之间的区域。我们的臀部角度恰到好处，所以我们可以用两条腿快速行走或奔跑，可以拥有现在的身材和形态，但它们也会透露出我们的一些信息——我们是否生殖健康，或是我们有多性感。正如著名动物学家戴斯蒙德·莫里斯在他的《男人女人身体观察》(*Body Watching*)一书中指出的那样，在世界各地，臀部都是用来吸引和诱惑的。迄今为止发现的最早的女性雕塑是霍勒菲尔斯的维纳斯，距今已有35,000年以上的历史，这是关于女性形态的杰作，突出了臀部、生殖器和臀部。而世界各地都发现过类似的雕像，这说明了我们天然就会被身体的这个部位吸引。下面，我们就来探索身体这个区域可以传达出的信息吧。

㉛ 扭动臀部／髋部

髋部旋转或臀部摆动，是一种应对压力、无聊或表达自己久坐某地很疲劳的方式。在具有争议的辩论中，人们可能也会做此动作，此动作或是出现在他们的情绪被激怒时，或是出现在被激怒后，以此作为一种平静的方式。在恋爱初期的人们身上，你很少看到此动作；它一旦出现，往往是在讨论问题的时候。

㉜ 摩擦臀部

压力之下，人们会摩擦自己的臀部和腿部作为安抚。当感到紧张时，人们还会用这些部位擦拭手上的汗。当学生准备考试，或旅客准备过海关时，你会看到此动作。

㉝ 髋—躯干前后摇摆

承受心理压力的个体，在坐着的时候可能会前后晃动臀部。遭遇严重打击，比如目睹所爱之人的死亡，可能会引发这种行为，人们通过重复的动作来抚慰自己。你也可能在患有某些精神障碍的人身上看到此动作，比如自闭症患者。

354 髋—躯干左右摇摆

当我们觉得无聊时，可能会发现自己正站着左右摇摆臀部，就像抱着婴儿哄睡一样。摆动臀部会使内耳中的液体和毛发移动，这种感觉非常舒缓。

355 展示臀部

男人和女人都会用臀部来吸引目光，就像米开朗基罗著名的大卫雕像一样，他站在那里，一条腿微微弯曲，使他的臀部更突出，也更有吸引力。较丰满的臀部也可以用来吸引眼球——金·卡戴珊（Kim Kardashian）就经常骄傲地这样做。在求爱行为中，臀部通常会先露出来，以引起别人关注。在世界各地的诸多文化中，臀部都代表着青春和生育能力，尤其是在求爱阶段。

356 碰触生殖器

老师们经常会发现小男孩（有时还有女孩）会隔着他

们的衣服触摸或拉扯自己的生殖器。这是很自然的行为，生殖器含有数量惊人的神经末梢，当触摸它们时，孩子不仅能得到安抚或使自己平静下来，而且感觉很愉快。最终，孩子们会改掉这种行为，此动作并不罕见，不必为之过分担忧。

357 抓胯

这个动作因迈克尔·杰克逊的舞蹈而名声大噪，他第一次表演时，很多人为之震惊，而在今天的艺人中，这个动作就很常见了。关于为什么有些男人会这样做，有很多理论分析：为了吸引注意；作为男子汉气概的展示；或者仅仅是为了舒适做出的调整。有女性曾告诉我，自己如果看到成年男性在办公室等近距离的场合重复此动作，就会深感不安。因此，在公共场合当然应该避免做此动作。

358 框住生殖器

在电影或照片中，牛仔经常这样做：男人把拇指放在裤子里或者挂在腰带上，其他手指横跨在裆部。这样框住生殖器旨在吸引别人的注意力，展示男性魅力。男人做此动作时通常肘部向外伸展，使自己看起来更高大、更强壮。

359 盖住生殖器

在一些情况下，我们可能会用手捂住私处或者胯部，比如在电梯里，男人在这样做的时候，通常会目不转睛地盯着楼层号或者电梯的门。这一招适用于应对社交焦虑，或者当某人离自己太近时。

360 双膝分开坐

这通常被称为"大爷式坐姿（manspreading）"，指男性在公共交通工具上坐着，双膝分开很远。这种姿势会被认为是粗俗的，因为这种姿势会占据很大的空间，显得过于自私，而且露出大腿内侧和胯部也并不得体。

FBI

NO.17
第十七章

腿 部

在动物王国里，我们人类的腿是独一无二的，因为它们对着臀部内侧，使我们能够直立走路、跑步、冲刺、攀爬、踢腿、游泳和骑车。我们用腿来移动自己、保护自己，建立主导地位。当孩子紧张或害羞时，我们把腿当作一个稳定的锚，让他们紧紧抓住。正如腿的主人各不相同，腿也有强壮、修长或结实等各种样子。当涉及非语言行为时，腿经常被忽视，但它们却可以传达优雅、紧张、快乐等一切内容。我们的腿是一种生存工具，它们可以帮助我们逃跑，正因如此，当别人带给我们某种感觉时，腿的反应非常诚实。

361 空间距离

人类学家爱德华·霍尔（Edward T. Hall）创造了空间关系学（proxemics）一词，用来描述所有动物对私人空间的需求。如果有人站得离我们太近，我们会感到不舒服。我们的空间需求也会受文化和个人偏好的影响。大多数美国人觉得在公共场所要与其他人保持 12～25 英尺（3.6～7.6 米）的距离才会舒服；在社交场所，最好是 4～12 英尺（1.2～3.6 米）；而我们的个人空间在 1.5～4 英尺（0.5～1.2 米）左右是舒适的。当涉及我们的亲密空间时，则小于 1 英尺（30 厘米），我们会对任何接近这个范围的人非常敏感。这些当然只是估算，因为每个人的情况都不一样，而且会因文化、国籍、所处地点甚至一天中的具体时间而异。在晚上，如果一个陌生人离我们不到 10 英尺（3 米），我们可能就会觉得不舒服。

362 领地站姿

通过站立的方式，我们用腿来展示自己的领地。当我们两脚离得越远，地盘就越大。而一个人站立的宽度还能说明其他问题：军人和警察往往比会计师和工程师两腿距离更远。两脚的距离，清楚地传达了一种自信感和潜意识里对领地的需求。

363 领域挑战

在一场激烈的争论中，一个人可能会故意侵犯你的私人空间，离你的脸只有几寸，并且挺着胸膛怒视你。这种侵犯空间的行为，可能是为了起到恐吓的作用，也可能是肢体攻击的前奏。

364 斜向一侧

大多数人喜欢从一个稍微倾斜的角度与他人交谈，而不是直接面对面。当孩子们第一次见面时，他们通常会以一定的角度接近对方，这是有原因的——这样更容易被接受。我发现，当商务人士以轻微倾斜的角度站立时，他们在一起交谈的时间会增加。注意，当双方出现争吵的倾向时，最好让他们稍微远离对方，这有助于消解负面情绪。

365 行走动作

我们走路的方式传达了很多信息。有些方式故意表现性感（比如玛丽莲·梦露），另一些则展示力量和决心（比如约翰·韦恩）。有些行走暗示着一个人正在进行一项重要的任务，另一些则更轻松、随意，或者是为了引起人们的注意，比如约翰·特拉沃尔塔在电影《周六夜狂热》（*Saturday Night Fever*）开场的散步。有时，我们会故意频繁地途经他人，以此来表达我们对他的兴趣，并展示自己的良好外观或吸引对方注意。

366 步行时设定步速

一群人走路时，谁主导步行的速度，谁通常就是领导者。我们会为团队中的资深者或领导者加快或放慢速度。即使是青少年也会这样做，他们会跟随队伍中最具社会地位的人的步伐。有时，这意味着团队中的最后一个人是领导者，因为他正在设定步伐，不能走得更快。在分析群体时要记住，关键不在于谁走在最前面，而在于谁主导着节奏。

367 坐姿

每种文化中的坐姿都不一样。在亚洲的一些地方，人们在等公共汽车时会蹲着——屁股低，膝盖高。在其他一些文化中，人们坐着的时候，腿是盘踞在一起的，就像甘地在织布机上工作时那样。在欧洲和其他地方，人们经常把一条腿搭在另一条的膝盖上，这样脚掌就会朝下。在美国，你会看到多种坐姿的组合，比如脚踝放在另一条腿膝盖的上方，将脚明显抬高。坐姿的要点，在于既要遵循当地的风俗，也要遵循主人的习惯。

368 双腿并拢坐着

我们的自信程度通常会反映在我们的坐姿上。双腿突然并拢，往往意味着缺乏安全感。尽管我们的坐姿与文化有关，但有些人总会根据自己的情绪移动腿，这是个非常可靠的线索，会显露出他们的自信程度。在许多地方，女性在坐下时会把两只膝盖紧靠，这是一种社会习俗。

369 双腿分开坐着

一个人在坐着面试或谈话时,双腿突然分开,表示其相当舒适与自信。这是一种常见的领地宣示,两腿相距越远,潜意识中拥有的领地就越多。这种行为在男性中更为明显。

370 脚踝交叉

坐着的时候,尤其是在正式场合,人们通常会把脚踝叠扣在一起。我会寻找那些在讨论、争议或遭遇难题时突然做出这个动作的人,这通常表明他们在努力克制自己,隐藏真实的意见,表现出犹豫或心理上的不适。

371 脚踝缠绕在椅子腿上

不安全感、恐惧或担忧会使一些人突然把脚踝绕在椅子腿上。当然,也有些人就是习惯这样坐着。然而,在回答一个问题后,或者在讨论一个敏感问题时,一个人的脚踝如果突然在椅子腿上交缠,这就是一个强烈的信号,表明出现了问题。此动作是冻结/自我约束反应的一部分。

372 双膝并拢，身体向后仰

紧紧并拢的膝盖可以表明一个人正在自我克制。你经常会在紧张的求职者身上看到这种情况。脚放在地上，膝盖紧紧地并拢，并且由于压力，这个人会向后倾斜，身体相当僵硬。

373 双膝并拢，身体向前倾

当我们坐着时，如果双手放在膝盖上，身体前倾，这通常意味着我们准备离开了。我们还可能摆出起跑者的姿态，将一只脚放在另一只的前面。不过，除非你是全场职位最高的人，否则不要在会议上这样做，如果你的上级在主持会议，那么你做出此动作对他就是一种羞辱。

374 坐着时把交叉的腿做屏障

当你坐着的时候，把腿交叉起来成为一种障碍——一侧的膝盖高于另一只腿——此动作表明你出现了问题、有保留意见或感到社交上的不适。无论是在家里还是在工作场合，这种行为都能准确反映人们的感受。当提起一个让人不适的话题时，你经常会看到这种情况。

375 双腿靠在物体上

潜意识里，自信或优越感强的人会把腿搭在桌子、椅子或其他物体上，甚至是其他人的腿上，以此作为宣示领土的一种方式。有些老板经常这样做，坐在一把椅子上，把腿搭在另一把椅子上。

376 摩擦大腿

摩擦四头肌（quadriceps）的上部，可以使我们在高压状态下平静下来，此动作又被称为"腿部清洁剂"。这个动作很容易被人忽略，因为它通常发生在桌子或书桌的下面。

377 摩擦膝盖

当人们感到压力或期待着一些令人兴奋的事情时，会反复抓挠或摩擦自己膝盖上方的区域。就像大多数重复的行为一样，此动作是用来安抚、缓和兴奋或紧张情绪的。

378 抓脚踝

我们常会见到，人在紧张的情绪下去抓自己的脚踝。此动作既能缓解压力，又能给皮肤通风。我们经常在高风险的情境中看到此动作，比如扑克游戏中的豪赌，或者在法庭询问中被问到一个难题。

379 弯曲膝盖

这种行为是通过在站立时快速向前弯曲膝盖来完成的，这会使人明显往下沉，但通常人们会立即恢复站立姿势。这是一种非常孩子气的行为，几乎等同于发脾气的前奏。在租车柜台，一些成年人在被告知他们想要的车无法使用时会做出此动作。

380 拖着脚

我们经常看到孩子们在说话或等待时拖着脚走来走去。这是一种重复行为，可以帮助他们平静下来或打发无聊的时光。成年人可能会在等待某人到来时这样做。此动作可以用来掩饰焦虑，害羞且没有经验的人在第一次约会时常会这样。

381 抖动脚踝

在站着的时候,有些人会反复扭动或抖动他们的脚踝,此动作表现出内心的不安、激动、仇恨或恼怒。这是很明显的行为,因为抖动会使整个身体发生移动。

382 拥抱膝盖

我们经常看到青少年把膝盖抬到胸部位置,然后抱住自己的腿。这可以起到很大的抚慰作用,帮助他们享受听音乐的美好时刻,或者帮助他们处理情绪。我也见过一些罪犯在接受采访时这样做,以帮助自己消除压力。

383 交叉双腿站立(舒适)

当我们独自站着,或者感到与周围的人相处很舒服时,我们会交叉双腿。一旦有人给我们带来了轻微的心理不适,我们就会把交叉的双腿还原,以便我们能迅速与冒犯自己的人保持距离或保护自己。在电梯里,如果是一个人独自搭乘电梯，在看到陌生人进入电梯后，他就会把交叉的双腿恢复至原本的姿势。

384 坐着踢腿

一个人在被问到某个问题后，如果原本放在另一侧膝盖上的脚突然从轻微的抖动或摇晃（重复的动作）变为猛然的上下摆动，表明这个问题让其非常不适。除非这个人一直这么做，否则此动作不能视为安抚动作，而是一种下意识地把讨厌的东西踢开的行为。在回答问题或陈述时，突然的踢腿通常与强烈的负面情绪有关。

385 跳跃（喜悦）

这种反抗重力的行为常由积极的情绪驱动，此动作在世界各地都能看到。当灵长类动物感到自己得到了优待时，也会高兴地跳起来，就像人类一样。我们的大脑边缘系统，即大脑的情感中心会自动地指挥人做出这种行为，这就是为什么当一名球员得分时，观众们无须告知就会立即跳起来。

386 用双腿和双脚表示不合作

孩子们会用腿和脚表示抗议,拖它们、踢它们、扭它们,或者彻底瘫倒,把自己变得犹如一潭死水,成年人有时也会如此。当孩子们拒绝去他们讨厌的地方时,他们就会这样做。我们也会经常看到成年人在被逮捕时有此动作。人们用腿清楚而明确地表明自己对某事的真实感受。

387 失去平衡

很多情况都可能导致身体失去平衡,包括低血压或者单纯的起床太快等。毒品和酒精也可能起到这样的作用,此外年龄也是一个因素。当我们看到某人突然失去平衡时,我们的第一反应,应该是尽可能地帮助他。需要注意的是,当老年人跌倒时,由于骨骼脆弱,可能会造成灾难性的后果,因此需要立即采取行动。

FBI

NO.18 第十八章

双 脚

达·芬奇经过数十年对人体的解剖和研究，认为："人类的脚是工程学的杰作，也是艺术品。"虽然与身体的其他部位相比，脚相对较小，但它承载着我们的全部重量，在感知运动、振动、热、冷和湿度方面是无价的。我们给我们的脚施加的压力，比我们身体的任何其他部位都要大，我们用紧小的鞋子和无休止的行走来惩罚它们。它们对最轻微的触碰都很敏感，因此可以非常性感——但它们也可以在空手道中踢碎一块砖。就像身体的其他部分一样，它们巧妙地完成了预期的工作，使我们保持平衡，允许我们行走和攀爬，但它们也传达着我们的感受和意图，以及我们的恐惧。

388 僵住的双脚

脚突然放平并停止移动，通常表示担心或不安。当我们受到威胁或担忧时，我们倾向于停止行动，这是一种进化反应，可以让我们免于被捕食者注意到。

389 退缩的双脚

在工作面试中，当面试者被问到让自己不适的敏感问题时，会突然把脚往回收，藏到椅子下面。这种变化有时相当明显，常常出现在一个难以回答的问题时，比如："你曾经被解雇过吗？"在家里，孩子被问及前一天晚上他们在哪里时，可能也会这样做。

390 碰脚调情

当我们喜欢一个人时，我们的脚也会被吸引过去，会下意识地靠近对方，让双方的脚接触到。这就是为什么在人们恋爱的初期，你会看到他们的脚在桌子底下碰触。在我们与他人的关系方面，有趣的碰触能发挥重要作用。从神经学上讲，当我们的脚被碰触时，它会记录在沿着大脑顶叶（parietal lobe）的感觉神经上，此处距离记录生殖器信息的位置很近。

391 摇动的脚

这是又一种能起到安抚作用的重复行为。当我们在等待某人、希望其快点时，我们可能会做此动作——从脚跟过渡到脚趾来回摇摆。因为当我们向前摇摆的时候，会使我们身体升高，这也是一种对抗重力的行为。摇脚既能缓解无聊，也能表明一切尽在掌控。

392 单脚转向

当我们和某人说话时，可能会逐渐或突然地将一只脚转向门的方向，以此来示意我们要离开。这是我们表达"我得走了"的非语言方式，是一种意向信息（intention cue），如果和我们谈话的人忽略了它，我们会变得非常恼火。因此，我们需要在谈话时留心别人，并在他们的脚转开时，能意识到他们或许不得不离开了。

393 双脚转向

当我们和不喜欢的人相处时，我们的脚会转向门或者远离那个人。多年来，我在观察陪审团的过程中，注意到陪审员们经常会在自己不喜欢的证人或律师开始发言时，把脚转向陪审团室的方向。在聚会上，你也可能看到两个人尽管看着对方，甚至交换着社交微笑，但他们的脚却转开了，这表明他们都不喜欢对方。

394 脚趾向内弯／内八字脚

有些人在缺乏安全感、害羞、内向或感到特别脆弱时，脚趾会向内(也被称为"内八字脚")。这种行为常见于儿童，也见于一些成年人，此动作显示出了内心的某种情感需求或忧虑。

395 脚趾向上翘

当某人在交谈时（无论是在面谈还是在打电话），你偶尔可能会看到他将一只脚的脚趾以一定角度向上翘起，脚跟牢牢地贴着地面。这是一种对抗重力的行为，通常与积极的情绪有关。当好友相遇时，你会在他们谈话时看到此动作。

396 露出脚底

在世界上许多地方，尤其是中东、非洲和亚洲部分地区，露出脚底或鞋底是一种侮辱性行为。因此在国外旅行时，你要小心自己的坐姿——如果你将一只脚踝放在另一条腿的膝盖上，就会露出脚底。通常最保险的姿势是保持双脚放在地上，或者将一条腿放在另一侧膝盖上并垂下，这样脚掌就会确保朝下。

397 跳跃的快乐脚

有时，我们会用快乐的脚来记录一种高涨的情绪——脚是活跃的、跳动的。比如当你告诉孩子你要带他们去主题乐园时，此动作会明显地出现在孩子身上。成年人身上也会看到这种情况，比如扑克玩家可能会在握有一手绝佳好牌的时候，忍不住在桌子下跳动自己的脚。虽然脚本身可能看不见，但它们通常会引发衣服一直抖动，甚至是肩膀的颤抖。

398 用脚打拍子

这是一种常见的行为,人们以此来消磨时间,或者保持音乐的节奏。有时此动作会类似于敲弹手指,表示我们内心很不耐烦了。通常此动作只涉及脚掌的前部,脚后跟则保持着地,但有时也可能用脚后跟完成此动作。

399 摆动脚趾

你是否注意过自己脚趾的摆动?当你做出此动作,有可能是正对某件事感觉很好、很兴奋,或是急切地期待着一件事。脚趾的运动会刺激神经,有助于缓解无聊或压力,并且,也能像快乐脚一样释放兴奋的信号。

400 烦躁的双脚

当孩子想要离开桌子去玩耍时,每个家长都能从孩子烦躁的脚上看出来。通常情况下,即使我们坐在全部是成年人的会议室,我们的脚也会因为过度不适而发出想要离开的信号——可能包括脚步的重复移动,从一边挪到另一边,脚往后缩,或重复地抬起和放下脚后跟。

401 紧张踱步

很多人在压力大的时候都会踱步。就像所有重复行为一样，此动作旨在起到安抚作用。

402 代表欲望的脚

当我们想要靠近某物或某人时，我们的脚通常会发出信号。比如脚会被商店的糖果橱窗或我们感兴趣的人吸引。或者与人告别时，我们可能会把身体转过去，貌似要离开，但脚却一动不动，这是因为我们喜欢此刻正在相处的人。

403 闹脾气的脚

这在孩子身上最常见，他们扭动、移动、有力地跺脚，让每个人都知道他们的感受。其实不仅仅是孩子，有时成年人也会这样做，当一位高管被赶下飞机时，我就看到他有此动作。这是一个提醒，告诉我们脚和腿部也能表现出情绪，因为这是身体中主要的肌肉，它们能呈现出明显的效果。

④④ 跺脚

并不是只有孩子会用跺脚来表达自己的感受。当人们被激怒或已经达到忍耐的极限时，也会做出这个动作。根据我的观察，男人和女人都可能会在速度缓慢的队列中如此跺脚。通常这种跺脚只出现一次，目的在于引起关注。

④⑤ 拉下袜子

压力会使皮肤温度迅速上升。对许多人来说，他们的脚和小腿会因此变得不舒服。当有压力时，人们可能会通过拉下袜子来让脚踝透气，有时还会反复这样做。这是一种经常被人忽略的行为，但却能表现出高度的心理不适。

④⑥ 脚挂着鞋来回晃动

当有些人（尤其是女性）在和别人相处得十分舒服时，会把鞋的后跟脱下，将鞋的前部挂在脚背处晃动。此动作在约会中很常见。而当女性感到不舒服或不喜欢对方说的话时，就会重新把鞋子穿好。

407 躁动的脚与腿

一个人在激动的时候，他的脚可能会坐立难安，来回移动或踱步，或是看似没有目标地跑来跑去。这可能源于某些可诊断的原因，比如药物过敏反应、非法使用药物、悲剧发生后的休克或恐慌发作。同时，他们可能还会出现紧握拳头、烦躁地搓手、咬嘴唇，甚至眼睛抽搐等情况。这种普遍的激动状态，是一种非语言信号，表明事情出了问题，而这个人正在努力处理它。不要指望一个如此激动的人能在这种时刻说话或思考，他需要的可能是医疗援助或心理咨询。

结论

我衷心希望,这本书能帮助人们打开眼界,看到周围更广袤的世界,并通过这些我们称之为非语言的肢体动作,得以更深入地理解和懂得他人。但阅读只是第一步。直到现在,我们才进入了更有趣的部分:搜寻并检验所学到的知识。通过每天亲自验证这些观察结论,你将开发出自己解码人类行为的技能体系。你研究和验证的次数越多,就越能及时注意到那些容易被略过的重要迹象。

人始终都需要和其他人打交道。懂得他人,就是一种关怀。理解对方并能进行沟通,就是领导力,其中肢体语言更是占据关键地位。杰出的领导者能通过两种渠道收集和传递信息:口头语言和非口头语言。尽管我们的世界正变得越来越数字化和去个性化,但无论是对于建立关系、构建信任来说,还是对于融洽关系、理解他人和形成同理心来说，面对面的接触仍然至关重要。科技自有它的用处——它帮助我写了这本书——但在选择人生挚友或终身伴侣时，科技则存在着局限性。相比起来，我们自己展示的肢体语言，以及我们能在别人身上捕捉到的肢体语言，都显得极其重要。

当然，没有一本书可以涵盖所有的人类行为。自然会有其他人关注本书内容之外的行为，并做出超越本书的贡献——也许这个人就是你。与他人分享自己的知识和经验，一直是我的夙愿，这给我带来了巨大的快乐。我希望你能明白我做这些事情的意义，并能与他人分享你所学到的肢体语言，更愿你的生活像我的一样丰富多彩。这是一段有趣的旅程，衷心感谢你的参与。

致谢

每次开始一段写作之旅,都能让我更加清楚地认识到,这一路上有太多人帮助过我,且不仅仅是在写作方面。大多数人永远不会被我点名致谢,因为我早就忘记了他们的名字——回答我问题的老师,和我一起吃午饭的邻居,教我如何集中注意力的教练。尽管我忘记了他们的名字,却忘不掉他们的善举。同样,我也没有忘记世界各地无数的人,从北京到布加勒斯特,他们购买我的书,在社交媒体上关注我,鼓励我继续写作。再次衷心感谢。

感谢阿什利·萝丝·丁沃尔(Ashleigh Rose Dingwall),感谢您在阅读手稿时提供的帮助和宝贵建议。感谢FBI的工作人员,特别是在出版前进行审查的专员,感谢你们一直以来提供给我孜孜不倦的帮助。

威廉·莫罗(William Morrow)公司出版了我的

四本书，这一切都是因为有着像出版商莉亚特·斯蒂利克（Liate Stehlik）这样的人，以及整个优秀的项目团队，包括瑞安·库里（Ryan Curry）、比安卡·弗洛雷斯（Bianca Flores）、莱克斯·莫德琳（Lex Maudlin）和制作编辑茱莉亚·梅尔策（Julia Meltzer）。我要感谢我在威廉·莫罗公司的编辑尼克·安菲利特（Nick Amphlett），他大力支持了我的项目，用自己的经验为我提供了很多指导，我感激不尽。尼克，你慷慨且友善地在编辑工作中投入了你的时间和奇思妙想，你和你们的同事们共同使这项计划成为了现实，我感谢你们。

我亲爱的朋友兼文学经纪人史蒂夫·罗斯（Steve Ross），同时也是艾布拉姆斯艺术家经纪公司（Abrams Artist Agency）图书部主任，我向你致以最深切的谢意。史蒂夫是大多数作家都希望拥有的那种经纪人，因为他会倾听、关心、提供建议，而且能完美地完成每件事。史蒂夫，你是独一无二的，感谢你在我最需要的时候给予的指导和领导。也非常感谢你的同事大卫·杜雷尔（David Doerrer）和麦迪逊·德特林格（Madison Dettlinger）在此项目及其他项目中的帮助。

如果没有我的家人，我不可能进行写作。他们一直支持我，让我保持着好奇心，走出一条少有人走的路。我的父母玛丽安娜（Mariana）和阿尔伯特（Albert），感谢你们为我的成功所做的一切奉献。致我的姐妹们，玛丽安娜拉（Marianela）和特里（Terry），你们的兄弟爱你们。本书要献给斯蒂芬妮（Stephanie），我的女儿，你有最可爱的灵魂。我还要感谢珍妮丝·希拉里（Janice Hillary）和我在伦敦的家人，感谢你们一直以来的鼓励和理解。

最后，感谢我的妻子施莱丝（Thryth），她非常支持我所做的一切，尤其是我的写作——谢谢你。我从你的仁爱中汲取着力量，从你的鼓励中获得了将事情做好的动力。自从你来到我的生活，我变得更好了。你的爱每天都以最重要的方式——你所做的每件事——被我感受到。